七猫教育テキスト 2

領域「環境」の理論と実践

編著 山本一成

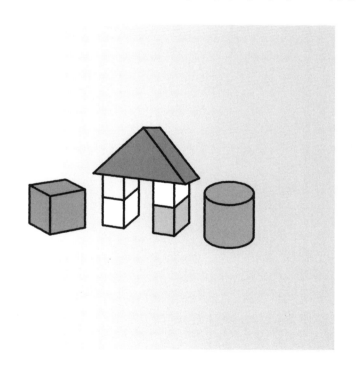

七猫社

編者のことば

　近年、保育者養成は大きな変化を迎えています。中央教育審議会が2015（平成27）年12月に取りまとめた「これからの学校教育を担う教員の資質能力の向上について～学び合い、高め合う教員育成コミュニティの構築に向けて～」では、変化の激しい現代社会のなかで教員に求められる資質能力が検討され、教員養成や研修における課題が整理されました。続いて2016（平成28）年11月には教育職員免許法とその施行規則の一部が改正され、2017（平成29）年3月には新しい学習指導要領が告示されるなど、新たな時代の教育システム、教員養成システムの構築に向けた動きが活発になっています。

　これらの制度改革に伴うかたちで、2017（平成29）年11月に、幼稚園教諭養成課程における教職課程コアカリキュラムが策定されました。新しい教育課程では、従来の「教科に関する科目」と「教職に関する科目」という科目区分を撤廃し、教科（領域）の専門的内容と指導法とを一体的に学ぶことを可能にする、「領域及び保育内容の指導法に関する科目」という区分が設立された点に特徴があります。「領域及び保育内容の指導法に関する科目」には、さらに「イ　領域に関する専門的事項」と「ロ　保育内容の指導法（情報機器及び教材の活用を含む。）」の2つの区分が設けられていますが、それぞれの区分における最低修得単位数は定められておらず、各大学の特色と創意工夫を生かした多様なカリキュラムが構成できることが特徴となっています。

　このように、新しい教育課程は、領域論と指導法の相互の関係性が重視されたカリキュラムとなっており、5領域に関する専門的知識と実際に子どもを目の前にしたときの指導法とを結びつける実践的な保育者養成が求められている現状にあります。

　本書は、このような保育者養成の変化を受け、「環境」の領域において、「領域に関する専門的事項」と「保育内容の指導法」の双方の授業で活用可能なテキストを目指して作成しました。本書の特徴を述べるにあたり、今回の制度改革で新たに登場した「領域に関する専門的事項」についてもう少し解説しておきましょう。

　一般社団法人保育教諭養成課程研究会が開発したモデルカリキュラムでは、「領域に関する専門的事項」は、領域それぞれの学問的な背景や基盤となる考え方を学ぶための区分として位置づけられています。それは、「何をどのように指導するのか」という視点で見た際の「何を」深める部分であり、幼稚園教育要領に示されているねらい及び内容を含めつつも、これらに限定されることなく、授業

担当者の専門性を活かした内容で構成されることが求められています。「環境」の領域で言えば、物的環境、人的環境、社会的環境といった「幼児を取り巻く環境の諸側面」、数や図形への興味や関心を含む「幼児期の思考・科学的概念の発達」、標識や文字を含む情報や、幼児の生活に関係の深い施設や文化財などに関する専門的な知識を学ぶことが目指されています。

そして、コアカリキュラムが領域論と指導法との関連性を強く意識したものである以上、それらは当然、幼児教育との関係から学習されるものでなければなりません。「環境」領域の学びの幅と深さを担保しつつ、いかに幼児教育とのつながりを実感できる実践的な授業を行っていくのかという点に、それぞれの授業を担当する教員の難しさとやりがいが存するところなのではないでしょうか。

本書は、具体的な保育の環境構成や保育者の関わりについて、豊富な事例を通して紹介することで「保育内容の指導法」の授業に活用可能な内容を担保しつつ、「環境」をさらに人、物、自然、社会の事象（地域や文化）という4つの分野に分けることで、環境を専門的な観点から分析的に学習することを可能にしています。また、「環境」に関するプロジェクトやドキュメンテーションといった実践的なテーマについても丁寧に扱っている点が特徴です。「環境」の領域を広くカバーしつつも、なるべく特定の主題や、事例研究を深める使い方もできるように意識した編集を行っているので、ぜひさまざまな仕方で活用していただきたいと思います。

具体的な読者としては、大学・短期大学・専門学校の1回生をイメージし、なるべくわかりやすい言葉を用いて作成することを目指しました。読者が理論的な知識を活用し、主体的に学んでいくことを意図して、各章に複数の「ワーク」が設けられています。また、補足欄には、コラムやさらなる学習を行うための文献情報が記載されているので、適宜参照していただきたいと思います。また、巻末にはレポート用紙をつけ、資料として「保育所保育指針」と「幼稚園教育要領」を掲載しています。

冒頭から変化ばかりに目を向けた文章になってしまいましたが、これまで積み重ねられてきた、「環境」を通した保育、「遊び」を中心とした保育が、日本の幼児教育・保育の核となっていることは、今も変わっていません。本書の各章の端々にも、子どもたちが生き生きと遊ぶための環境の工夫や、豊かな環境のなかでさまざまな体験を得て育っていく子どもたちの姿を読み取ることができます。保育者を目指す学生には、本書をきっかけに「環境」に関心をもち、子どものたちの

遊びと学びを支える環境を、自分自身で探究していってもらいたいと感じます。

　最後になりましたが、本書を作成するにあたって、多くの保育施設、教育施設にお力添えをいただきました。それぞれの園の優れた実践から学ばせていただけることに感謝申し上げます。ご協力いただいた園は次のとおりです。

滋賀大学教育学部附属幼稚園
大津市立瀬田南幼稚園
木更津社会館保育園
たかつかさ保育園
ニコニコ桜保育園
済生会松山乳児保育園
赤碕こども園
学芸の森保育園
メルボルン大学附属アーリーラーニングセンター
大矢野あゆみ保育園
まくらざき保育園
べっぷ里山こども園
おののもりこども園
野中こども園
かほる保育園
（掲載順）

2019 年 3 月
山本一成

もくじ

編者のことば　　　　　　　　　　　　　　　　　　　　　　　　　　3

1章　保育における環境 …………………………………10
1　保育における環境とは　10
ワーク1
2　領域「環境」のねらいと内容　13
(1) 幼児教育において育みたい資質・能力
(2) ねらいと内容とは
ワーク2
3　「幼児期の終わりまでに育ってほしい姿」と領域「環境」　17
ワーク3

2章　環境の構成と環境との出会い ………………………20
1　保育者が構成する環境　20
(1) 保育における「環境」という言葉の使い方
(2) 環境構成と子どもの経験
ワーク1
(3) 環境構成の理論としての「アフォーダンス」
ワーク2
2　環境の評価と再構成　23
(1) 即興的な環境の再構成
(2) 発達プロセスに沿った環境の再構成
ワーク3
3　子どもが出会う環境とその省察　26
(1) 大人の意図を超えて子どもが出会っている環境
(2) 子どもが出会っている環境の省察（リフレクション）
ワーク4

3章　人的環境
－環境・雰囲気のなかでの保育者・子どもたちの関わり－
....30

1　保育の場の雰囲気と保育者　31
　（1）不確かさのなかの子ども
　（2）日常の経験と雰囲気
　　　ワーク1
　（3）子どもがこの世界で最初に学ぶべきこと

2　意味を知り世界を味わうことへと誘う保育者　33
　（1）道具の意味を掴むということ
　（2）遊び場面が明らかにする道具の意味
　（3）他者の姿から意味を掴む子どもたち
　　　ワーク2

3　友だちやさまざまな人との関わり　36
　（1）「他者と共に生きる場にいる」者としての自覚の芽生え
　（2）身近な大人との関わり－道具を通じて見出す他者と生きる場
　（3）子ども同士の関わり－五十歩百歩の仲間たち
　　　ワーク3

4章　物的環境
－物の性質や仕組みのおもしろさ－
....40

1　物の性質や仕組みのおもしろさ　40
　（1）物の性質を知る
　（2）物の仕組みのおもしろさ
　　　ワーク1

2　物の想定外の使い方　42
　（1）想定外の使い方とは
　（2）想定外の使い方から生まれるもの
　　　ワーク2

3　遊びを生み出す物的環境　45
　（1）子どもの主体性を発揮できる環境
　（2）安心して落ち着ける環境
　（3）安全性と冒険・挑戦
　（4）想定外の使い方が生まれる保育環境
　（5）子どもが遊びやすい空間
　　　ワーク3

5章　自然環境
　　　　－動植物への興味や生命に触れる経験－……………………50
　1　センス・オブ・ワンダー　50
　　　（1）レイチェル・カーソンが描いた自然
　　　（2）自然体験によって育まれるもの
　　　　　ワーク1
　　　（3）自然体験における保育者の役割
　2　四季の変化　54
　　　（1）春
　　　（2）夏
　　　（3）秋
　　　（4）冬
　　　　　ワーク2
　3　生命に触れる経験　58

6章　社会の事象
　　　　－地域の文化や伝統行事を楽しむ－……………………60
　1　子どもにとっての地域の意味　60
　　　　ワーク1
　2　伝統的な行事との出会い　64
　　　　ワーク2
　3　地域のなかにある小学校と園との出会い　68
　　　　ワーク3

7章　環境を探究するプロジェクト
　　　　－多様なものの見方や好奇心・探究心を育む－…………70
　1　多様な感性を生かした環境の探究　70
　　　　ワーク1
　2　プロジェクト保育と好奇心・探究心　72
　　　　ワーク2
　3　アートと保育　77
　　　　ワーク3
　　　　コラム

8章　環境に関わる体験の記録と評価 ……………………80

1　領域環境に関わるドキュメンテーションの事例　80
（1）ドキュメンテーションとは
（2）体験の記録としてのドキュメンテーション
　　　ワーク1
2　環境に関わる遊びと学びの展開事例　84
（1）ウェブ・マッピング
　　　ワーク2

9章　子どもの遊びを支える環境 ……………………87

1　園庭の環境構成と再構成の事例　87
（1）園庭環境──遊び込める園庭へ
（2）砂　場
　　　ワーク1
（3）水　場
（4）山　場
　　　ワーク2
2　環境との出会いの事例　92
（1）遊び道具の大切さ
（2）保育者の関わりの大切さ

10章　身近な環境から生じる興味や関心 ……………………94

1　標識や文字への関心が育まれる環境の事例　94
　　　ワーク1
2　数量や図形への関心が生まれる環境の事例　97
　　　ワーク2

付録：レポート用紙
資料：保育所保育指針
　　　幼稚園教育要領

1章　保育における環境

POINT
- 幼児教育は、「環境を通して行う」ことを基本とすることの意味を捉える。
- 保育における環境とは、どのようなことを指しているのかを捉える。
- 育みたい資質・能力と領域「環境」のねらいと内容が求めているものを読み取り、具体的な事例から環境の変化と子どもの感じ方の変化を捉える。
- 「幼児期の終わりまでに育ってほしい姿」と領域「環境」との関係を捉え、育ちの方向性を明確に示す。

1　保育における環境とは

　幼稚園教育要領では、第1章第1節　幼稚園教育の基本において、「幼児期の教育は、生涯にわたる人格形成の基礎を培う重要なものであり、幼稚園教育は、学校教育法に規定する目的及び目標を達成するため、幼児期の特性を踏まえ、環境を通して行うものであることを基本とする」と述べられています。また、「保育所保育指針第1章1（1）イ」さらには、「幼保連携型認定こども園教育・保育要領第1章　第1　1」においても、環境を通して行う教育・保育の重要性が述べられています(1)。このことからも、乳幼児期における環境が、子どもの発達にとって重要な意味があることを学んでほしいと思います。

　子どもは、生活のなかにあるものや人など興味ある身近な環境に積極的に関わり、環境からの刺激を受けながら、直接的体験を通して環境との関わり方を身につけていくのです。乳幼児期は、好奇心旺盛な時期で、目にとまったものを触ったり関わったりせずにはいられなくなります。この関わりたいという意欲が環境との相互作用*1によってさまざまなものの見方や考え方を広げ、物事の法則性に気づかせ、自分なりに考えていこうとするなどの好奇心・探求心や思考力・表現力の基礎を培うのです。

　子どもが主体的に働きかける環境については、物的環境（遊具、園具、設備、素材、自然物など）と人的環境（家族、友だち、保育

(1)「幼稚園教育要領」「保育所保育指針」「幼保連携型認定こども園教育・保育要領」

補足

*1　環境との相互作用
　子どもは日常的に出会う環境によって、それぞれの発達に影響を受ける。幼児が主体的に環境に働きかけたことにより、その環境が変化し、幼児に新たな環境として問いかける。
　さらに、子どもが手を加え環境に関わることでどんどん環境が変化する。このように環境との応答性が大切で、相互作用を通して幼児の心を揺り動かし次の活動を引き起こし、体験を深めていくのである。

1章　保育における環境

者、地域の人々、小学生、中学生など）と社会文化的環境、さらには時間や空間、雰囲気やその場に起こる状況なども広く環境として捉えています。つまり、子どもの生活を取り巻くすべての環境*2が、一人ひとりの子どもの育ちにとって意味あるものになるためには、保育者が意図的・計画的・組織的に設定し、子どもが環境に関わる姿に応じながら環境の再構成をしていくことが重要です。たとえば下記の事例からワークを行ってみましょう。

【事例1　幼稚園3歳児5月　「雨上がりの園庭」】

　保育者は、雨上がりの園庭の水たまりで泥んこ遊びを計画していました。ある朝、水たまりができているのを見て長靴でジャブジャブと入っているA児。同じように入り始めたB児。保育者は、濡れてもいいようにゴム草履に履き替えるように促します。準備ができた子どもは、水たまりで土や砂をすくい集めたり、中に入って足に水がかかることを楽しんでいます。水が多く泥んこの遊びができにくいと感じた保育者は、水たまりの水を少なくして土を入れ適度な泥の状態に環境を変えました。

　新たな環境でのなかで、保育者も土を集めたり、丸めたりしながら子どもたちと一緒に遊び始めました。土を集め大きなケーキのようなものを作り、指で「チョンチョン・チョンチョン」と穴をあけているC児。「あー、アリさんのおうちや」と言いながらいっぱい穴をあけています。その穴を手でなでると「あー、みんな消えた。穴が消えた」と発見したことを保育者に伝えました。保育者は「ほんとやね。アリさんがいなくなったのかな。またツルツルになった

補足

*2 環境デザイン

　どのような環境があると、子どもが興味をもって関わり、その環境からどのような遊びが生まれるのか。子どもの生活を取り巻くすべての環境とは、具体的にどのような環境なのか、何に気をつけて環境の構成をしなければならないのかを学ぶと具体的な環境がイメージしやすい。
岡上直子著・全国幼児教育研究協会編『あしたの保育が楽しくなる実践事例集　ワクワク！ドキドキ！が生まれる環境構成－3．4．5歳児の主体的・対話的で深い学び－アクティブ・ラーニングの視点から保育を見直す解説つき』ひかりのくに　2017．

写真1　泥んこ気持ちいいね。ほら手が見えなくなった

写真2　あー、アリさんのおうち。チョンチョン

ね」とＣ児の行為に共感をします。Ｃ児は穴をあけては、手でなぜてツルツルにすることを何回も繰り返し楽しんでいます。Ｄ児は、土を丸めています。なかなか丸くなりませんでした。他の場所の土も混ぜていると、次第に固まり始めました。土を混ぜることにより、丸くなりやすくなることを発見しました。

ワーク１

この事例から、環境が子どもの育ちにとってどのような意味をもっているのか、次の項目から話し合って模造紙に書き出してみましょう。
・環境としての水たまりでどのような遊びがうまれますか。
・環境としての水たまりで何を育てるのですか。
・保育者はどのような役割をしましたか。
・環境としての水たまりのよさ（教育的価値）はどのようなことですか。

大人にとっての水たまりは、歩きにくく汚れるいやな環境ですが、子どもにとっての水たまりは、さまざまな楽しい遊びがうまれる環境です。感触を楽しみ、感覚刺激を受けてチョンチョン・ツルツル・ザラザラ・ニュルニュルなどの言葉がうまれます*3。ツルツルという言葉と感覚が結びつきイメージが広がります。何回か繰り返しながら、新たな発見や巧緻性も育ちます。他にも育つ内容は多くあります。

でも、環境だけがあっても十分な育ちにはつながりません。そこには、保育者の重要な役割があります。一緒に楽しく遊ぶ先生・子どもの活動の様子を見ながら環境を再構成する先生・共感できる先生など多くの役割を果たすことにより、環境としての水たまりが意味あるものになります。

保育における環境とは、子どもの育ちにとって意味あるものにすることが大切です。そのために、それぞれの環境がどのような意味をもっているのか、教育的な価値は何か、教材研究などを通して仲間と共に理解することが必要です。そのうえで、園全体の環境のデザインを行います。まずは、保育の場の固有の条件として、園舎構

補足

＊3 泥んこ遊びが育てる社会情動的スキル
　大津市立瀬田南幼稚園・保育所では、園庭での泥んこ遊びを存分に楽しんでいる。このような泥んこ遊びは幼児期に欠かせない遊びで、開放感と共に、集中力や根気強さ、好奇心や探究心、繰り返し試行錯誤しながらやり遂げた後の満足感など社会情動的スキルが育つ環境である。

造・園の規模・園の立地条件・地域性・保育時間などを考慮し、子どもたちが安心・安全な場所で過ごせるよう生活の場としての全体的な環境を保育者間で工夫し創出することも、保育者の専門性として求められています。

2 領域「環境」のねらいと内容

(1) 幼児教育において育みたい資質・能力

2017年3月に「幼稚園教育要領、保育所保育指針、幼保連携型認定こども園教育・保育要領」の3法令が同時に改訂（改定）され、2018年度から施行されています。

今回の3法令の改訂（改定）[*4]で3歳以上の子どもは幼稚園、保育所、認定こども園のどの施設に通っていても等しく教育が受けられるように、5領域のねらいや内容が共通になりました。また、「幼児教育の方向性が明らかになり、質の向上が今まで以上に求められるようになりました。「育みたい資質・能力」は幼児期から高等学校までを通して育てるものですが、幼児期は遊びを通して資質・能力の基礎が培われます。幼児教育において育みたい資質・能力とは、「幼稚園教育要領 第1章 第2節」に次のように記載されています(2)。

補足

[*4] 3法令の改訂の趣旨
　詳しく学びたい人は、以下の書籍が参考になる。
無藤隆著『3法令改訂（定）の要点とこれからの保育』チャイルド本社　2017.

(2)「幼稚園教育要領」第1章　第2節、「保育所保育指針」第1章　4（1）、「幼保連携型認定こども園教育・保育要領」第1章　第1節　3

(1) 豊かな体験を通じて、感じたり、気付いたり、分かったり、できるようになったりする「知識及び技能の基礎」
(2) 気付いたことや、できるようになったことなどを使い、考えたり、試したり、工夫したり、表現したりする「思考力、判断力、表現力等の基礎」
(3) 心情、意欲、態度が育つ中で、よりよい生活を営もうとする「学びに向かう力、人間性等」

(2) ねらいと内容とは

　幼稚園教育要領　第2章　第1節にねらいや内容について次の

ように記載されています。

　　ねらいは、幼稚園教育において育みたい資質・能力を幼児の生活する姿から捉えたものであり、内容は、ねらいを達成するために指導する事項である。（一部略）各領域に示すねらいは、幼稚園における生活全体を通じ、幼児が様々な体験を積み重ねる中で相互に関連をもちながら次第に達成に向かうものであること、内容は、幼児が環境に関わって展開する具体的な活動を通して総合的に指導されるものであることに留意しなければならない。

　ここでも述べられているように、発達の側面から５つの領域に分けて編成されていますが、子どもの発達はさまざまな側面が絡み合って、互いに影響しながら総合的に育つものであると考えます。

(3) 領域「環境」におけるねらいや内容について (3)
【領域「環境」ねらい　（３歳以上の幼児教育施設共通）】
　周囲の様々な環境に好奇心や探究心をもって関わり、それらを生活に取り入れていこうとする力を養う
１　ねらい
(1)　身近な環境に親しみ、自然と触れ合う中で様々な事象に興味や関心をもつ。
(2)　身近な環境に自分から関わり、発見を楽しんだり、考えたりし、それを生活に取り入れようとする。
(3)　身近な事象を見たり、考えたり、扱ったりする中で、物の性質や数量、文字などに対する感覚を豊かにする。

　子どもは、身近な環境に好奇心や探究心をもって積極的に関わり、遊びや生活のなかに取り入れながら、いろいろなことを感じ、気づき思考力や表現力などが発達していくのです。自分たちの生活とつなげながら、生活にいかされる体験こそが、日本の幼児教育が今日まで大切にしてきた生活中心の教育なのです。

(3) 幼稚園教育要領第２章　人間関係

1章　保育における環境

【領域「環境」の内容　（3歳以上の幼児教育施設共通）】
ねらいを達成するために指導する事項12項目
（1）自然に触れて生活し、その大きさ、美しさ、不思議さなどに気付く。
（2）生活の中で、様々な物に触れ、その性質や仕組みに興味や関心をもつ。
（3）季節により自然や人間の生活に変化のあることに気付く。
（4）自然などの身近な事象に関心を持ち、取り入れて遊ぶ。
（5）身近な動植物に親しみをもって接し、生命の尊さに気付き、いたわったり、大切にしたりする。
（6）日常生活の中で、我が国や地域社会における様々な文化や伝統に親しむ。
（7）身近な物を大切にする。
（8）身近な物や遊具に興味をもって関わり、自分なりに比べたり、関連付けたりしながら考えたり、試したりして工夫して遊ぶ。
（9）日常生活の中で数量や図形などに関心をもつ。
（10）日常生活の中で簡単な標識や文字などに関心をもつ。
（11）生活に関係の深い情報や施設などに興味や関心をもつ。
（12）幼稚園内外の行事において国旗に親しむ。

　幼児期は、環境に関わり同じ行為を繰り返しすることで、物事の法則性に気づきます。どんぐりが転がったことをきっかけに、いろいろなものを転がして試します。転がるものと転がらないものに分けて違いを考えたり、よく転がるように坂道を作ったりなど遊びのなかでさまざまな変化や法則性に気づいていきます。
　このような好奇心を引き出すのは、保育者による環境の構成や援助があるからです。自然への関わりにおいても、子どもの心に自然への親しみや畏敬の念、生命を大切にする気持ちを育てるためには、保育者が生命あるものとの出会いやふれあいを子どもにとって意味あるものとして捉え、真剣に向きあうことが大切です。
　また、保育者は子どもが身近な地域の文化や伝統に親しみながら、社会とのつながりを意識するようにしていきたいものです。数量や

文字などに関しては、遊びのなかで文字を書くことで伝わる喜びや、遊びのなかで数が必要になる体験を通して、文字や数量に関わる感覚を豊かにすることが大切です。

次の事例を読んで、ワークを行い仲間で話し合いましょう。

【事例2　3年保育　4歳児　9月　「キャベツを育てよう」】(4)

(4) 滋賀大学教育学部附属幼稚園平成19年度研究紀要

　子どもたちは、お好み焼きをつくろうとキャベツを育てていました。2つのプランターに2株ずつ植えて毎日水やりをしていました。

　ある日、キャベツの葉っぱがレースのように穴がいっぱいあいていて、そこに青虫がいることに気づきました。子どもたちは「大変や、キャベツが青虫に食べられた」と悲しがります。「青虫もキャベツが好きなんや」と言いながら、キャベツの青虫は飼育ケースに入れました。クラスのみんなに相談すると「青虫が悪い。お好み焼きが作れない」「だけど、青虫もキャベツを食べないと死ぬ」とキャベツか青虫かと意見が分かれ、困ったことになりました。A児が「家からキャベツもらってきてあげる」と言ったことで、飼育ケースでの青虫の飼育が始まりました。どんどんとキャベツに穴があいていくので、保育者と子どもたちで、一つのプランターには「青虫さん食べてください」と看板を立て、もう一つのプランターには「青虫さん食べないでください」と看板を立て、ネットを張りました。

　数日後、ケースで飼育していた青虫がチョウチョになり、みんなの見守る前で空へ飛びたちました。綺麗なチョウチョになった姿をみて、感動した子どもが多く、その後、家からキャベツの葉っぱを多くの子どもが持ってくるようになりました。11月にはなんとか自分たちのキャベツも育ち、お好み焼きを作ることができました。

写真3　大変や。キャベツが青虫に食べられた

写真4　青虫さん・ぼくのトマト食べないでね

1章　保育における環境

ワーク2

【以下の2つのテーマについてグループで話し合いましょう】
・キャベツの栽培から子どもたちは何を学びましたか。
・保育者は、最初は「秋の野菜キャベツの成長に関心をもつ」がねらいでしたが、子どもたちの姿を踏まえ、実践をどのように改善すればよいですか。

　生活のなかで、さまざまな現象や状況が起こってきます。これが保育として大事な環境でもあります。思いもよらない青虫の発生に、キャベツや青虫にも思いを寄せ、心を動かす体験こそ好奇心や探究心を育みます。看板を書いたり、青虫の数を数えたりなど数量・文字などへの関心も高まりました。

3　「幼児期の終わりまでに育ってほしい姿」と領域「環境」

　「幼児期の終わりまでに育ってほしい姿[*5]」は3つの資質・能力を柱として、5領域のねらい・内容に基づいて、幼児期にふさわしい遊びや生活を積み重ねることにより、特に5歳児後半に見られるようになる姿であります。領域「環境」との関わりにおいては、(6)思考力の芽生え (7) 自然との関わり・生命尊重 (8) 数量や図形、標識や文字などへの関心・感覚の姿があげられます。これらについて具体的な内容を考えることにします。

(6) 思考力の芽生え（幼稚園教育要領　第1章　第2節より）
　　身近な事象に積極的に関わる中で、物の性質や仕組みなどを感じ取ったり気付いたりし、考えたり、予想したり、工夫したりするなど、多様な関わりを楽しむようになる。また、友だちの多様な考えに触れるなかで、自分と異なる考えがあることに気付き、自ら判断したり、考え直したりするなど、新しい考えを生み出す喜びを味わいながら、自分の考えをよりよいものにするようになる。

補足

[*5] これについて詳しく学びたい人は以下の書籍が参考になる。
無藤隆編著『幼児期の終わりまでに育ってほしい10の姿』東洋館出版社　2018.

2・3歳児ごろになると、遊んでいた積み木を皿の上にのせて、「ハンバーグです。食べてください」と「見立て」や「つもり」の世界を楽しみます。これまでに子どもが周囲の環境に関わって、体験したことから得られたイメージによって行われる行為であり、象徴的思考が可能になってきます。4歳児もまだまだ「見たて」や「つもり」の世界にいますが5歳児になると本物らしいハンバーグを作りたいと思い、紙や材料を選び本物らしく見えるように工夫します。紙にもいろいろな種類があることを知り、用途によって材質の違う紙を使いながら紙の性質を知っていきます。
　このように、幼児期は具体的な操作をしながら、物の性質や仕組みを感じたり、試行錯誤が繰り返し行われることにより、ものへの理解が深まっていくのです。また、友だちとの関わりのなかで、友だちの刺激を受け、考えを聞いて理解したりするなど、友だちの考えを自分のなかにも取り入れ思考を広げることが出来るのです。人的環境としての保育者や友だちの存在は大きいです。

(7) 自然との関わり・生命の尊重（幼稚園教育要領　第1章　第2節より）
　　自然に触れて感動する体験を通して、自然の変化などを感じ取り好奇心や探究心をもって考え言葉などで表現しながら、身近な事象への関心が高まるとともに、自然への愛情や畏敬の念をもつようになる。また、身近な動植物に心を動かされる中で、生命の不思議さや尊さに気付き、身近な動植物への接し方を考え、命あるものとしていたわり、大切にする気持ちをもって関わるようになる。

ワーク3
　園で飼育できる生き物と飼い方について調べましょう

　自然と関わる身近な環境として、園庭環境があります。花壇には四季折々の草花が栽培され、雑草も生えている場所があり、そこには小動物や虫が生息し、多様な生き物と出会えます。キンモクセイのように花の香りが漂う木・登れる木・紅葉する木・どんぐりのよ

うな実のなる木など、さまざまな木があることで鳥もやってきます。ビオトープもあると、メダカやザリガニなどを自然のなかで飼育できますし、ヤゴも生息します。畑では、野菜を子どもと一緒に育て、生長の過程で起こるさまざまな出来事を大切に捉えていくことができます。このような園庭で毎日遊ぶことでさまざまな生き物に出会い、自然の変化に気づき感動します。生命の誕生や死にも出会い、愛おしさや悲しさや喜びを体験しながら、自然と共にいきることの意味を身体で感じることが大切です。園庭環境マップ*6を作ることで、園全体の環境が共有されます。

　また、保育者は、子どもの気づきに共感し、子どもの思いを大切に見守りながら、一緒に調べたり考えたりする姿勢をもつことが大切です。保育者自らが、自然を愛し、変化を捉え感動し、生命を大切にしなければなりません。つまり、子どもを育てるうえで保育者の豊かな感性や自然愛は重要な意味をもつということです。

(8) 数量図形、標識や文字などへの関心・感覚（幼稚園教育要領第1章　第2節より）

　遊びや生活の中で、数量や図形、標識や文字などに親しむ体験を重ねたり、標識や文字の役割に気付いたりし、自らの必要感に基づきこれらを活用し、興味や関心、感覚をもつようになる。

　幼児期は、生活や遊びのなかで出会う身近な環境を通して、数量や図形、標識や文字などに親しむ体験を基本としています。お店屋さんごっこでは、「何屋かわかるように看板を書こう」とか「ねだんがいる」「100円やで」など遊びのなかでの必要性から文字や標識が使われます。ジャガイモを掘ると、並べて数を数えたり、計量器で重さを量って大きさを比べたりもします。このように、生活のなかから生まれる数量図形、標識や文字への関心・感覚を高めることが、小学校教育への接続として大切なことです。

（中井清津子）

補足
*6 園庭環境マップ
　園庭のどの位置に何があるのか、どのような環境なのか、キンモクセイはいつごろに花が咲き香りはするのか、その花を使ってどのような遊びが展開されるのかなど環境マップを作ることで、物の位置だけでなく、季節ごとのその場の状況や変化がわかり、遊びとの関係が捉えられるよさがある。

　また、保育者同士が話し合い共通理解をしながら、それぞれの環境からの発見や活用の仕方を学び合うことができる。四季ごとのマップがあることが望ましい。

写真5　ジャガイモを大・中・小と大きさで分けてみよう

2章 環境の構成と環境との出会い

POINT
- 保育には「方法としての環境」と「内容としての環境」がある。
- ここでの「方法」とは、「環境を通した保育」(保育者の環境構成による保育)のことを指す。
- ここでの「内容」とは、好奇心や探究心、自然や生命への尊厳などに関わる環境の経験を指す(教育の5領域のうちの1つ)。
- 子どもが環境と「出会う」ことで保育のなかで環境が意味あるものになる。
- 大人の意図を超えて子どもが出会っている環境について省察することが重要である。

1 保育者が構成する環境

(1) 保育における「環境」という言葉の使い方

　保育を学んでいると、「環境」という言葉が非常に多く使われていることに気がつくと思います。「環境」と聞くと一般的なイメージでは、自然環境や環境問題のことを思い浮かべるかもしれませんが、保育を学ぶうえでは、「環境」という言葉により深い意味を読み込む必要があります[*1]。はじめに、保育においては「環境」という言葉が以下の2つの意味で用いられていることに注意しましょう。

① 方法としての環境
② 内容としての環境

　①は、保育者が子どもを保育するときに意図的に用いる環境、つまり保育者が構成する環境のことを指しています。一方、②は子どもが経験する環境のことを指し、1章で解説されているように、好奇心や探究心、自然や生命の尊厳といったさまざまな子どもの育ちに関わるものです。方法と内容はときに重なりあうため、厳密にそれらを区切ることはできませんが、保育を捉える視点として区別されることを押さえておきましょう。
　次に、この「環境構成」という点をもう少し詳しくみていきます。

補足

[*1] 保育における「環境」概念についてより詳しく学びたい場合は、以下の書籍が参考になる。
井上美智子著『幼児期からの環境教育―持続可能な社会にむけて環境観を育てる』昭和堂 2012.

2章　環境の構成と環境との出会い

「保育所保育指針」第1章総則には、保育所保育に関する基本原則として、「子どもが自発的・意欲的に関われるような環境を構成し、子どもの主体的な活動や子ども相互の関わりを大切にすること」と記されています。このように、保育者が自らの教育的意図を直接実現しようとするのではなく、子どもが関わる環境を整えることで、子どもの主体的な遊びや学びを支えようとするのが「環境を通した保育」の考え方です。

(2) 環境構成と子どもの経験

保育者は、「環境を通した保育」を行ううえで、"子どもにどのような経験をしてほしいか"、"子どもにどのように育ってほしいか"、といったことを丁寧に考えながら園の環境を構成します。そのため、園の保育の考え方が違えば、園のなかの環境も大きく異なってくることになるのです。たとえば、次の2つの園庭の写真を見比べ、以下のワークを行ってみましょう*2。

ワーク1

写真1　木更津社会館保育園の園庭

補足

*2 木更津社会館保育園では、子どもたちの様子に合わせて年に何度か園庭を大規模に作りかえているという。

木更津社会館保育園の理念と実践については、以下の書籍が参考になる。
斉藤道子著・岡本央写真『里山っ子が行く！―木更津社会館保育園の挑戦』農文協　2009.

また、たかつかさ保育園では、蚕を育てて絹糸をとる活動などを通して、身近な自然や生命とのつながりを感じる保育実践を行っている。（笠原広一・山本一成・坂倉真衣「幼児教育実践者へのインタビューに基づく体験理解の視点の考察―幼児の自然体験の意味をめぐって―」『福岡教育大学紀要．第4分冊』65　2016　pp.61-72.）

写真2　たかつかさ保育園の園庭
※園庭には、樫、ムクロジ、柿、イチョウ、スモモ、ザクロ、桑などが植えられている

　上の2つの写真に写った園庭では、それぞれどのような遊びができるでしょうか。写真に写っている環境から想像を膨らませて、なるべくたくさん書き出してみましょう。

　写真1の園では木材の上を渡ったり、トンネルをくぐったりといったダイナミックな遊びが展開されることが予想されます[*3]。このような園では全身の身体感覚の発達や少し難しい課題への挑戦といった体験が重視されていることがわかります。また、写真2の園では園庭にさまざまな種類の植物が植えられており、子どもたちは四季折々の花や木の実、それらを目当てにやってくる鳥たちとの出会いを経験することができるでしょう。また木々の間にもさまざまな遊びの仕掛けが置かれ、子どもたちが園内でその季節ならではの遊びを見つけながら回遊していく様子が想像できます。
　このように、園庭や保育室の環境がどのように構成されるのかによって、子どもが経験する内容は大きく異なってきます[*4]。保育者は、園庭や保育室の環境構成の在り方について、子どもたちにどのような経験をしてほしいのかという観点から明確化し、「何を」「いつ」「どこに」「どれだけ」「どのように」配置していくかを丁寧に

補足

[*3, 4] 高山（2017）は、環境を構成する8つの要素として、「人」「物」「自然」「情報（刺激の量）」「空間」「時間」「動線」「温度・湿度・空気の質」を挙げている。
　これらの要素をどのように扱うかによって子どもの経験が大きく変わってくるため、環境構成の際に考慮することが必要となる。(高山静子著『学びを支える保育環境づくり―幼稚園・保育園・認定こども園の環境構成』小学館　2017.)

考えることが必要になります。

(3) 環境構成の理論としての「アフォーダンス」

このような環境構成に役立つ理論として覚えておきたいのが、「アフォーダンス」という言葉です[1]。「アフォーダンス」とは、アメリカの心理学者ジェームズ・J・ギブソンが提唱した概念で、「環境がもつ行為の可能性についての情報」のことを指します。たとえば、新聞紙は、「破る」「覆う」「丸める」「被る」「折る」といった多くのアフォーダンスをもっており、さまざまな遊びに利用することができます。また、ホワイトボードであれば、「描く」アフォーダンスを用いてお絵描きに使うこともできますが、「立てる」アフォーダンスを使えば、看板や間仕切りとして利用することもできます。

子どもたちが「どのようなアフォーダンスを使って行動しているか」という視点から環境を観察できるようになると、子どもにとっての環境の意味がみえてくるようになります。多くのアフォーダンスを観察することで、「子どもにとってのアフォーダンスをデザインする」という、環境構成の視点がみえてきます。

[1] ジェームズ・J・ギブソン著（古崎敬・古崎愛子・辻敬一郎・村瀬旻訳）『生態学的視覚論－ヒトの知覚世界を探る』サイエンス社　1985.

また、入門書として、佐々木正人著『アフォーダンス－新しい認知の理論』岩波書店　1994など。

ワーク2

学校内や近隣の地域の環境を子どもの視点になって探索し、5歳児が遊びそうな環境（遊びに関わるアフォーダンス）を写真やイラストで記録し、グループで共有・発表してみましょう。

2　環境の評価と再構成

環境は、いったん構成してしまえば、あとは放っておけばよいというものではありません。保育者は自分が構成した環境が、子どもたちの活動に合ったものになっているか、子どもたちの経験を深めていくものになっているかを評価しながら、日々の保育のなかで環境を再構成していく必要があります。

環境の再構成には、保育の流れのなかでの「即興的な環境の再構

成」と、「発達プロセスに沿った環境の再構成」があります。たとえば、次の事例を考えてみましょう。

(1) 即興的な環境の再構成
【事例1　うちわづくり】*5

　夏祭りの一環で、子どもたちとうちわづくりをすることになりました。夏の光を楽しめるよう、うちわの本体には透明なプラスチックの素材を使い、カラーセロファンを切り貼りすることで、光がさまざまな色に変化するのが見られるような工夫をしました。うちわづくりが始まると、子どもたちは楽しそうに工作をはじめ、出来上がった子どもたちは自分がつくったうちわがさまざまな色や形の光を生みだすことに興味をもち、近くに置いてあった水色のタライに映して遊んでいました。その様子をみていたA先生は、教室の奥から白いクロスをかけたテーブルを持ち出し、日光のよく当たる屋外に立てかけました。子どもたちがその白いテーブルに光を当ててみると、タライに映すよりもくっきりと色や形があらわれ、うれしそうに自分の作品で遊ぶ姿が見られました。

補足
*5 本事例は滋賀大学教育学部附属幼稚園の実践である（村井奈津美先生、塩見弘子先生提供）

写真3　白い表面に光と色を映す様子

　設定保育を行う際、どのような空間でそれを行うのか、どのような道具と素材をどれだけ用意するか、どのような時間の流れでそれ

を行うのかといった、環境構成の工夫をすることによって活動の質を高めていくことができます。この事例においても、透明な素材やカラーセロハンがうちわづくりに用いられ、光や色を楽しむことのできる環境の工夫がなされているといえるでしょう。

　そして、子どもたちの光と色への興味が高まってきたタイミングで、A先生はとっさに白いクロスをかけたテーブルを屋外に設置しました。これは、子どもたちの行為を見て、よりその経験が印象強くなるよう、またほかの子どもたちにも広がるよう考えたうえでの判断であるといえます。結果的に、太陽の強い光のなかで、白い表面に作品を映したことによって、子どもたちはさらに光と色と形の経験を深めることができました。このように、「即興的な環境の再構成」では、子どもたちの興味や関心、活動の流れについてその場で評価し、保育をよりよく方向づけていくよう、保育者の意図を込めて環境を作り変えていくことが重要になります。

(2) 発達プロセスに沿った環境の再構成

　一方、長期的な子どもの育ちの記録と評価に基づき、子どもたちに必要な環境を作り変えていく環境構成もあります。高山[(2)]は、子どもの状態について以下のような観点から評価し、遊びの環境を作り変えていくことが必要であると述べています。

①情緒の安定度と健康状態
②身体運動の発達段階
③手指操作の発達段階
④遊びの発達段階
⑤興味・関心や認知の特性
⑥仲間関係

　たとえば、子どもたちがお絵描きに使う画材や、はさみやのりなどの工作道具は、子どもの手指操作の発達や道具を使う経験などによって、適切な環境が異なってきます。まだ道具の使い方に習熟していない状態で、絵の具やのりが常に自由な状態で使える置き方を

(2) 高山静子著『環境構成の理論と実践－保育の専門性に基づいて』エイデル研究所 2014.

されていたとしても、子どもたちが適度な量と使い方でそれらを用いることは難しいでしょう。また、はさみなどについては使い方に慣れてから使用しないと危険なこともあります。子どもたちの手指操作の発達や道具の習熟度に合わせ、長期的な視点から、どのような道具を子どもたちの身近に置いておくかを考慮しなければならないのです*6。

一方、身体的な発達だけでなく、遊びや人間関係の発達に沿って環境を再構成していくことも必要です。同じごっこ遊びでも、3歳のうちは保育室内で十分に展開できる人数と内容だったものが、5歳になると保育室の枠をはみ出て、廊下や屋外で展開される規模のものへと発展していくこともあります。この場合、どのような遊びの素材を用意するか（段ボールやビニール袋など）、どのような空間で遊べるようにするか（場所の広さ、椅子や机などの使用）といった、環境の工夫が必要となってくるでしょう。

このように、どのような環境が適切であるかは、そこにどのような子どもたちがいるか、どのような遊びが生まれているかといった、流動的な要因によって左右される側面があります。短期的・長期的な視点から子どもの姿を丁寧に分析し、それに合わせて環境を作り変えていくことが求められているといえるでしょう。

補足

*6 子どもの発達と環境構成、遊びと環境構成との関係については以下の書籍が参考になる。
田中真介監修・乳幼児保育研究会編『発達がわかれば子どもが見える―0歳から就学までの目からウロコの保育実践』ぎょうせい 2009、瀧薫著『保育とおもちゃ―発達の道すじにそったおもちゃの選び方』エイデル研究所 2018、大豆生田啓友編『あそびから学びが生まれる動的環境デザイン』学研教育みらい 2018.）

ワーク3

0～2歳の子どもの興味や認知の特性と手指操作の発達過程について調べ、0～2歳の子どもの保育にふさわしいおもちゃや遊び道具にどのようなものがあるか発表してみましょう。

3　子どもが出会う環境とその省察

(1) 大人の意図を超えて子どもが出会っている環境

これまで、保育者が意図をもって環境を構成・再構成する必要性について述べてきました。しかし、子どもたちは必ずしも保育者の意図したとおりに環境と「出会う」とはかぎりません。保育者のねら

いとは違った仕方で子どもが環境を経験していくこともありますし、むしろ保育者が考えもしなかったような環境との出会い方のなかに、子どもたちの豊かな遊びや学びが生まれていることもあります。

塩川(3)は、カリキュラムに書かれない遊び、大人の視点から名づけることができない遊びのことを、「名のない遊び」と呼んでいます。ひたすら水たまりを棒でかき混ぜている子ども、集めてきた大量の小石をただただ横に並べている子ども、枯葉をたくさん集めてきてもぐって遊ぶ子どもなど、教育的な意味づけはしにくいものの、子どもが熱中し、子どもに活き活きとした時間を提供している遊びは多くみられます。このような遊びは保育者のねらいとは離れたところで生じることが多いのですが、子どもが主体的に環境と出会い、環境の経験を深めている事例であるといえます。

また、4章で述べられているように、子どもは保育者が意図をもって構成した環境を想定外の仕方で使うことがありますが、そのような使い方がなされるなかで、遊びのおもしろさが増幅したり、子どもたちの相互作用のきっかけが生まれたりすることが報告されています(4)。たとえば、フラフープは、身体に通して回して遊ぶための遊具ですが、それをつないで電車ごっこにしたり、おままごとのお風呂のスペースにしたりして遊ぶ子どもたちの姿も見られます。このように具体的なものと多様な仕方で出会うことによって、物の世界と子どもの想像の世界がつながり、遊びが豊かになっていくことがあるのです*7。

子どもと環境との出会い方が多様なのは、子ども一人ひとりの感性が異なっているためです。「保育所保育指針」第2章3には、「豊かな感性は、身近な環境と十分に関わるなかで美しいもの、優れたもの、心を動かす出来事などに出会い、そこから得た感動を他の子どもや保育士などと共有し、さまざまに表現することなどを通して養われるようにすること」と記されています。保育においては、このような一人ひとりの感性とそれに基づく表現を理解・尊重し、保育者・子どもがお互いに影響を与え合いながら変容し、学びあうことが重要になります（7章参照）。

(3) 塩川寿平著『名のない遊び』フレーベル館 2006を参照。

なお、「名のない遊び」の多くは、自然環境の素材によって生じることが指摘されている。このことは、自然素材が多様なアフォーダンスをもつことに由来しているといえるだろう。たとえば、石は「並べる」「叩く」「転がす」「積む」「描く」といったアフォーダンスを持っており、多くの「名のない遊び」を生み出す可能性をもっている。

(4) 松井愛奈「保育環境における想定外の使い方と遊びの発展―2歳児から4歳児までの3年間の縦断的検討―」『保育学研究』55(2) 2017、pp.64-72.

 補足

*7 河崎(2015)は、多くのごっこ遊びの事例について考察するなかで、現実のモノの世界の種類や量が豊富であり、そのようなモノとの出会いの経験が豊かであることが、ごっこ遊びでの想像力の広

(2) 子どもが出会っている環境の省察（リフレクション）

保育者は子どもがどのように環境に出会っているかを理解しながら、自らの保育実践を振り返っていくことが必要になります。自分自身の実践を振り返ることは「省察（リフレクション）」と呼ばれ、「省察的実践」を行っていくことが必要とされています[*8]。「環境」との関わりでいえば、保育者は子どもが出会っている世界について省察することで、子どもへの関わり方を変えていく視点が得られ、自分自身の子ども観・環境観を変えていくことができるようになります。たとえば、次の事例をみてみましょう。

【事例2　芋虫と遊ぶ】

S先生が5歳児の子どもたちと一緒に園庭で遊んでいると、園庭の木から芋虫がぶら下がっているのを見つけました。S先生が「あ、芋虫」というと、子どもたちも「ほんとだ！」と言って興味深そうに見守っています。S先生は子どもたちと芋虫がもっと仲良くなってほしいと思い、「ぶらんこ遊びだよ」と言って芋虫に「ふー」っと息を吹きかけてみました。すると、RちゃんとKくんも同じように息を吹きかけて遊びはじめました。

するとしばらくそれを黙って見ていたTちゃんが、ふと、「…芋虫の目が回ってるよ」とつぶやきました。S先生も、なんとなく遊びが盛り上がらないことを感じていたのですが、Tちゃんの言葉にはっとして、「ほんとだ。ごめんな、芋虫さん。」と芋虫に謝ることにしました。

「保育所保育指針」第2章3には、「環境」に関わる内容として、「身近な動植物に親しみをもって接し、生命の尊さに気づき、いたわったり、大切にしたりする」と記されています。S先生が「芋虫と子どもたちが仲良くなってほしい」と思ったのも、このような内容に関することであり、決して悪いことではないでしょう。しかし、このときTちゃんは、S先生以上に深く芋虫と出会っていたようです。

保育者は、子どもたちに命の大切さを「教え」たり、自然の事象に興味を「持たせ」たりする関わりを行いがちです。もちろん、そのような関わりは必要ですし、保育者の側の伝えたい思いが子どもたちに伝わることもあるでしょう。しかし、そのような関わりに捉

がりをもたらすことを指摘している（河崎道夫著『ごっこ遊び―自然・自我・保育』ひとなる書房　2015.）

　補　足

[*8]「省察（リフレクション）」については以下の書籍が参考になる。ドナルド・ショーン著（佐藤学・秋田喜代美訳）『専門家の知恵―反省的実践家は行為しながら考える』ゆみる出版　2001、フレッド・コルトハーヘン著・武田信子監訳（今泉友里・鈴木悠太・山辺恵理子訳）『教師教育学―理論と実践をつなぐリアリスティック・アプローチ』学文社　2012.）

われすぎて、子どもたちが自分自身で出会っている世界に目を向けることを忘れてはいけません。この事例は、子どもたちが自分なりの仕方で深く生命を感じ取っていることを、保育者の側に教えてくれるような事例になっています[*9]。

子どもの環境が成長や学びにつながるよう、保育者が意図をもって環境を構成することは重要です。しかし、保育者の意図を超えて子どもが出会っている環境があることを気に留め、一人ひとりの子どもの環境との出会いに寄り添っていくこともまた重要であるといえます。ぜひ環境の多様な意味と価値を探究してみてください。

ワーク 4

① 「方法としての環境」と「内容としての環境」の違いについて、100字程度で説明してください。
② 「環境の再構成」が必要な理由について、50字程度で説明してください。

(山本一成)

補 足

[*9] 保育学者である津守真は、「概念の網の目を自分の側に備えているときや、子どもに対する期待や要求が心に満ちているときなどには、保育者は、子どもの世界と直接に出会うことが困難になる」と述べている。自分自身の価値観や、教育的な目的だけに縛られるのではなく、子どもの世界に出会いながら省察し、自分自身も変容していくことが保育にとって重要であるといえる。(津守真著『保育の体験と思索―子どもの世界の探究』大日本図書 1980.)

3章 人的環境
―― 環境・雰囲気のなかでの保育者・子どもたちの関わり ――

POINT

- 子どもたちは、揺らぎやすい雰囲気のなかで大人に守られて、日常への信頼を深める。
- 子どもたちは、物や他者の意味を他者の様子から知り、自ら行為して確かめる。
- 子どもたちは、年長者との関係から社会への参加の仕方を学び、子ども集団のなかで他者との関わりを試行錯誤して学び取る。

　保育者は、この世に生まれて間もない子どもたちが生きる日々の場を工夫をこらして営んでいます。たとえば、食事の時間には落ち着きのある和やかな場が展開するように心がけ、誕生日のお祝いをする場を設けるときには、晴れやかでにぎやかな場になるように気をつかいます。このとき、保育者が細大の注意を払い、力を注ぐのは、子どもたちへの声のかけ方や目配りの仕方、制作や遊びの内容、飾りつけや音楽などの一つひとつの事柄です。けれどもそれらは個々別々のものではなく、相互に連関をもつものとして、あるひとつの実現させたいもののために配慮され、展開されています。

　そのとき保育者は、取り組みや行事の趣旨に見合った場の全体性、あるいはまた雰囲気を実現させようとしています。そして、子どもたちが多様な場、多様な雰囲気を経験することを通じて、豊かに深く学ぶことを期待します。

　さてしかし、このときの子どもたちの経験と学びとはどのようなものなのでしょうか。私たちは「人間は経験から学ぶ」ということを当たり前のように受け止めて、保育の営みにも生かそうとします。本章では、子どもたちが人的環境をどう経験し*1 そこに何を学ぶのか、その基本的な事態を、とくに日常的な「場」と「雰囲気」と「意味」をキーワードにして、幼児期の始まりから考えていきます。

補足

*1 私たちはどれだけ頑張っても、最終的に他者の経験を理解しつくすことはできない。生まれて数年の幼児の経験ならなおさらだろう。本章は、そのことを最大限わきまえつつ、子どもたちと日々をともにする経験から、「(子どもたちが)このような経験をしているとしか思えない」というところからの記述を示すものである。その際、後出の参考文献からは子どもの言葉になりにくい経験を記述するための足掛かりを得た。

1 保育の場の雰囲気と保育者

　まず、子どもたちが日常の場をどのように経験しており、そこに保育者（大人）がどのような役割をもっているのかを、雰囲気をめぐって理解したいと思います。以下ではその糸口として、生後約9か月以降から子どもたちの行動として観察され始める「社会的参照（social referencing）」という事象を取り上げます。

(1) 不確かさのなかの子ども

　社会的参照と呼ばれる事象は、人間に独特な行動のひとつで、未知の事物や他者に遭遇して、不確かな状況に陥ったときに起こる行動を指します。具体的には、子どもにとって何か不確かな出来事が起きたとき、子どもがその場に居合わせる他者（主に養育者や保育者などの信頼できる大人）の顔を覗き込んだり、その声音に耳を澄ましたりして、自分が身を置く状況の意味をはっきりさせようとする振舞いとされています(1)。この事象は、文化的・社会的な子どもの発達に意味をもつものとして注目され、他者と生きる日常において出会う事物や他者に関する知識を効率よく獲得するための学習機能や認知能力の成立を表す事象として扱われてきました(2)。しかしここではこの事象を、子どもたちの日常の経験を知る手がかりとして、理解しなおしたいと思います。

(2) 日常の経験と雰囲気

　子どもたちは日常の諸場面について未知の事柄が多いため、社会的参照を引き起こすような事態をさまざまな局面で経験することになります。子どもたちの生活には、事物や他者の意味（どのようなものか、どのような人か）がわからず、曖昧で不確かで、それらに対してどう振舞えば良いのか戸惑うような経験にあふれているのです。

　肝心なのは、子どもたちにとってその場で出会う事柄の意味がいかに曖昧で不確かであっても、その場とそこで出会う事物や他者は、そのときどきごとに特定の様相を帯びて経験されるということです。

(1) Feinman, S. & Lewis, M. Social refferencing at ten manths: A second-order effect on infant's responses to strangers. *Child Development*, 54, 1983, pp.878-887.

(2) 遠藤利彦・小沢哲史「乳幼児期における社会的参照の発達的意味およびその発達プロセスに関する理論的検討」『心理学研究』71 2001、pp.498-514.

たとえば、その場が不思議に満ちて心はずむ場として展開し、子どもたちを探索や冒険へといざなうこともあります。そのとき子どもたちが出会う事物や他者は、よく知りたい対象として見い出されます。逆に、その場が不気味で不安な場として展開し、子どもたちを立ち尽くすしかない状況に追い込むこともあります。そのとき出会う事物や他者は、底知れない怖さを帯びて、自らを脅かすものとして見い出されます。

　この意味で、子どもたちが生きる場とは、雰囲気の変転とともに、事物や他者もそのときどきで全く別様のものとして見い出される場です。大人にとっては代わり映えしない日常の場も、子どもにとっては不確かさを払拭できず、子ども自身の存在を根底から揺るがす可能性を絶えず潜在させています。その場で子どもたちが未知の事態に遭遇し、不気味な雰囲気に圧倒され、不安に身をすくませるとき、立ち会う保育者ができることはほんのわずかなことだけです。子どもたちよりも少し長く生きている者として、日常の丸ごとが容易には崩壊しないことを、子どもたちを抱きとめ微笑みかけて示すことくらいです。

ワーク1

　あなた自身が子どものころ、不安を感じたときに大人に守ってもらったり、励ましてもらったりした経験はありましたか。また、不安そうな子どもを支えた経験はありますか。その経験は、今、どのような経験として思い出せますか。できる範囲で思い出してみましょう。

(3) 子どもがこの世界で最初に学ぶべきこと

　ボルノウ[3]は、子どもがこの世界で最初に学ぶべきことは、日常の場において「守られて存在している」という感覚（被包感）を、あらゆる出来事に抗して勝ち取り、その子が生きるうえでの基調（根本情態性）として備えることと考えました。そしてこの最初の「学び」は、信頼する大人からの働きかけを受け続けることで深まると述べました。子どもたちが大人と共に生きる日常の場に即して考え

(3) オットー・フリトリッヒ ボルノウ著（森昭・岡田渥美訳）『教育を支えるもの』黎明書房　2006.

ると、社会的参照とは、雰囲気が多様に展開して子どもたちの存在を根底から揺るがすなかを、子どもが場と自らの存在の確かさを勝ち取ろうとする努力をするとき、大人と子どもの間に生じる出来事といえそうです。

2 意味を知り世界を味わうことへと誘う保育者

(1) 道具の意味を掴むということ

　前節では社会的参照を糸口に、子どもたちがこの世界で最初に学ぶべきことについて素描しました。子どもたちの学びはここから大きく展開していきます。先述の通り、社会的参照という行為は、日常の場で出会う事物や他者の意味を掴み取る過程でもありました。この経験のなかで子どもたちが最初に知る事物や他者の意味とは、それらが自身にとって危険や脅威であるのか、安心で安全であるのか、というごく単純なものです。事物や他者の意味は、子どもたちが園や家庭での日々を生きていくなかで、より明確に、詳細になっていきます。

　その端的な例として、道具に特化して考えてみましょう。子どもたちには、はさみやのり、鉛筆、クレヨンなど、園や家庭で遊び学ぶ際に用いるためによく触れることになる道具があります。

　子どもたちがこれらの道具の意味を掴むということは、単に道具の名前やその役割や機能を説明できるようになることだけではありません。子どもたちが道具を実際に「使えること」が重要になりますが[4]、そこには単なる機能の発揮という以上の含意があります。

　その一例として「はさみ」を取り上げてみましょう。子どもたちは大人の手助けを得ながら、はさみを握り、その刃を紙に当て、チョキチョキと開いたり閉じたりを試して、きれいに紙を切ることができることを知ります。この経験は子どもにとって何かとても大きな経験のようです。はさみという道具に慣れ親しんでいる私たちでさえ、切れ味の良いはさみを使ったときの、一枚の紙が鮮やかにすっぱりと切り分けられていく出来事には、目が醒めるような驚きを経験します。はさみを初めて使えた子どもたちならばその経験はなお

(4) 道具の意味と行為の関係、および世界（環境世界）の展開の在り方の解釈については、以下の論に示唆を得た。マルティン ハイデッガー著・細谷貞雄訳『存在と時間〈上・下〉』筑摩書房　1994.

さらでしょう。紙が切れるということ自体の不思議さに夢中になり、やがては紙だけではなく、糸や針金、木、薄い板や布など、さまざまな素材を保育者や家族にもらって、はさみで切ってみようとし始めます。ときには園内や家の中のありとあらゆるもの（たとえば、家具や服、書類、猫のヒゲや犬のしっぽの毛など）にはさみを当てて、とにかく何でも切ってみようとする子もいるほどです[*2]。

そのとき、子ども自身は、はさみの「ものを切ることができる」という性格を驚きと共に見出し、さまざまなものに試して確かめています。それと同時に、なじみ深い園や家の中は、はさみで切れるものがあふれている世界として、新たな眼差しで眺められています。

道具の意味を掴むことは、その用い方を知ると共にその道具が開く可能性を知ることです。また、その道具の可能性のもとで、世界の新しい見え方や世界への新しい関わり方を知ることといえます。

(2) 遊び場面が明らかにする道具の意味

子どもたちが掴む道具の意味の広がりと深さは、子どもたちの使用が制限されている道具をめぐってより顕在化します。たとえば、包丁やまな板、コンロのような調理道具、ミシンや針のような裁縫道具、のこぎりや錐などの工具などがそれにあたります。これらの道具はもっぱら大人が使用して、子どもたちから遠ざけられる道具で、子どもが触れる機会ははさみやクレヨンに比べるとはるかに乏しくなります。しかしこうした道具について、子どもたちは決して無関心ではありません。むしろ、それらの道具に強い関心を寄せ、触りたがり使いたがります。そして、大人が使用する様子を注意深く見て、積極的にその意味を汲み取ろうとします。

汲み取った意味の広がりは、ごっこ遊びのような遊び場面での再現する行為によって明らかになります。子どもたちは、汲み取った道具の意味を、遊びの局面で見立てを通じて発揮させます。たとえば木の棒を包丁に見立て、ブロックをコンロやまな板に見立てて、野菜や肉（に見立てた何か）を切って、火にかけて煮炊きする「ふり」をします。このとき、子どもたちは個々の道具を単独で扱う（ふりをする）のではなく、道具を相互に関連しあうものとして物事に働

補足

[*2] もちろん、道具の使用にあたっては、使い道や持ち方に関してマナーや決まりがある。そのことを子どもに知ってもらうこと自体も、生活の諸場面での大きな課題になる。次節2項参照。

きかけ、ご飯を作る行為（のふり）を再現します。そして自身は「お母さん」や「お父さん」あるいは「コックさん」など、その道具を巧みに使う者として振舞い、友だちや大人を巻き込みながら、家族が生活する場面（おままごと）や飲食店の場面（お店屋さんごっこ）を再現します。

　子どもたちは、ごっこ遊びのなかで、自身が使用を制限された道具の機能や役割はもちろんのこと、そのほかの道具との関連性や、使用するにふさわしい人についての理解を明らかにします。そしてその道具が実際に展開させ、可能にする諸場面を味わっています。子どもたちが示したこれらの理解は、辞書のそっけない記述[*3]よりも、道具が開き実現する世界の在り方と可能性を明らかにしており、よほど大事な意味を掴み取っているように思われます(5)。

（3）他者の姿から意味を掴む子どもたち

　ここまで、園や家庭での生活のなかで子どもたちが掴み取る事物の意味を、道具に注目して考えてきました。日常的に使用できる道具であれ、使用が制限されている道具であれ、子どもたちは、掴み取った道具の意味を行為のなかで発揮させようとします。そしてそのとき、子どもたちは、その道具のもとで初めて見えてくる世界の在り方を味わい、また世界に直接働きかけられる行為者としての自らの在り方を味わおうとすることを確認しました。

　一連の記述と考察のなかから、子どもたちの学びや育ちを支える保育の場にとって注目すべき点も見えつつあります。それは、子どもたちにとって多くの場合、道具の意味やそれを通じて見えてくる世界の在り方は、主に日常生活のなかで振舞う年長者の姿を通じて見い出されるということです。そして、子どもたちは行為する年長者の姿を、興味や関心、ときには憧れを持って見つめており、同じように行為しようとする方向に促されています。保育者は、子どもたちにさまざまな道具を巧みに使って暮らす姿を示す主要な大人の一人です。その点で、子どもたちにとって保育者は、子どもたちが諸々の道具の意味を掴み、世界を味わい、行為者としての自らの在り方を確かめる営みに誘う存在といえます。

補足

[*3] たとえば「大辞林」では、包丁を「料理のために使う刃物」、まな板を「包丁で切る時に下に敷く台や板」、コンロを「持ち運びできる小型の炉」と説明する。

(5) 斧谷彌守一著『言葉の二十世紀―ハイデッガー言語論の視角から』筑摩書房　2001.

📄 **ワーク2**

　身近な道具の使い方を覚えたばかりの子どもたちは、しばしば、その道具を用いて大人が想定しないようなことをすることがあります。そのような小さな「事件」を、養育者や保育者から聞いたり、本やインターネットを調べたりして収集してみましょう。そして、「事件」が起きるときの子どもの経験を、その道具が開く可能性を考えながら、できるだけ想像を膨らませて考えてみましょう。

3　友だちやさまざまな人との関わり

(1)「他者とともに生きる場にいる」者としての自覚の芽生え

　子どもたちは生まれたときから、他者からのケアを前提して生きているという意味では、すでに社会のなかに生きていますが、幼児期になって、この事実を自覚する可能性がようやく開けてきます。つまり自身が生きる場が、友だちや先生、家族などの多様な他者と生きていく場でもあることを明確に掴む端緒が開かれ、自らを社会のなかに生きている者として理解する道が通じていきます。

　そのきっかけのひとつは、子どもたちが道具の意味を掴み始めるところに生じます。そしてその経験は、子どもたちの暮らす園にも生じます。以下では、子どもたちの具体的な経験に沿いながら、身近な他者との関わりの意味を考えていきます。

(2) 身近な大人との関わり－道具を通じて見出す他者と生きる場

　前節では、日々の生活の場のなかで、子どもたちが他者の姿から道具の意味を大きく掴み取ると、実際にその道具を使用したり、他の物でその道具の使用を再現したりしてその意味を発揮させようし始める様子を見てきました。その過程は、子どもたち自身の自覚の有無に関わらず、道具の使用の仕方を共有するような人々の社会のなかに深く入り込む最初の一歩とみることもできます[6]。その一歩を、前節のはさみの例から考えてみましょう。

　はさみという道具の「ものを切ることができる」という性質を、

(6)「大人が、子どもの道具の使用を促し、社会・文化・共同体への参加を導く」という基本的アイディアは、次の文献を参考にしている。
バーバラ　ロゴフ著・當眞千賀子編『文化的営みとしての発達－個人、世代、コミュニティ』新曜社　2006.
ジーン　レイヴ・エティエンヌ　ウェンガー著・佐伯胖訳『状況に埋め込まれた学習－正統的周辺参加』産業図書 1993.

3章　人的環境－環境・雰囲気のなかでの保育者・子どもたちの関わり

驚きをもって見出した子どもたちは、その意味を身の回りで確かめるために、ときにははさみを持ったまま園内や家の中をうろうろ歩き始め、ときにかたっぱしからいろいろな物を切ってみようとします。子どもたちの傍にいる大人は、その危なっかしい振舞いに込められた気持ちを理解しつつも、はさみの危険性を説明して持ち方を教え、不用意に持ち歩かないように諭すでしょう。また、身の回りには切ってはいけないものが数多くあることを教えるでしょう。

それは大人の意図からすれば「社会の規範・ルール」を教える働きかけかもしれませんが、子どもの経験に即していえば、子どもが自らの生きる場を眺め直すきっかけとなるものです。その働きかけはおのずと、日常生活の場が、はさみの刃に傷つく生身の人がいる場であることを子どもに知らせます。そしてまた、子どもたちが無造作に手に取る物の数々にはたいていの場合、所有者がいることを子どもに知らせます。こうして子どもたちは、身の回りの道具や物を通じて他者と出会い直すのです。そしてそこには、自らが身を置く場を、他者に配慮して振舞う場として見出す可能性が与えられます。

このとき、保育者や家族のような身近な大人は、その道具を共有する社会（共同体）への参加を促す導き手であるとともに、子どもたちがより広く視野をとって他者と生きる場で適切に行為できるように見守ることで、他者と出会わせる伴走者でもあるといえます。

(3) 子ども同士の関わり－五十歩百歩の仲間たち

上述のような身近な大人との関わりが生じるのは、子どもたちにとっての生活の中核となる場、つまり家庭や保育園・幼稚園です。園ではほぼ同年齢の子どもが集うクラスが生活の基本単位となることが多く、これは家庭や地域の人付き合いとも異なる特徴を示します。

この集団は、同年齢の発達の同質性を前提として、子ども同士の差異が際立ちやすくなる点が特徴的です＊4。異年齢の子ども集団が相違を前提とし、役割の移行（年長者のフォロワーである年少者が、やがて年長になるとリーダーの立場に移行すること）や互いの

補足

＊4 「違い」を見い出す眼差しと場の構造

乳幼児期の同年齢集団で際立つ子どもの「相違」とは必ずしも「性格」や「ものの捉え方」「興味関心」の違いに帰属されない。幼児期では互いの月齢の違いが、遊びの性質や展開の仕方ややり取りのスピードに大きな違いを生み出すこともあり、それが子どもの経験に大きな意味をもつこともある。

そして、これらの「相違」をめぐって、現代の保育・教育の場にいる大人には、絶えず発達の逸脱（遅れ・障害）を発見しようとする強迫的な眼差しが働き続けている事実にも自覚的であるべきだろう。（浜田寿美男著『〈子どもという自然〉と出会う』ミネルヴァ書房　2015.）

補い合いや助け合いが自ずと生じやすい集団であるのに対して、同年齢集団はそれとは対照的に、関係性が固定しやすく、相違を補い合う配慮が生まれにくい集団です。いうなれば、子どもたちは五十歩百歩の仲間関係をなす集団のなかにいるのです。そしてこの剥き出しの関係のなかで、他者への羨望や憧憬、共鳴だけではなく、葛藤や緊張、劣等感や焦燥感などを強烈に経験します。一方で、年齢の近い子ども同士だからこそ大きく展開する遊びもあり、うまく遊びが展開した経験は子どもたちにとって極めて魅力的な経験となって、「また一緒に遊びたい」という気持ちを大きく膨らますでしょう。同年齢集団での遊びが大きく展開するとき、たいていの場合、幼い子どもであっても何らかの形で相互の意思の尊重や対話的なやりとりが成立し、相互にメンバーとして認め合う状況が見い出されるようです(7)。しかしながらそのような事態は、幼児期においては皆が機嫌よく遊んでいるなかに偶然に訪れる貴重なものかもしれません。子どもたちはその貴重な一時を経験をした喜びをバネにして、この独特な性格をもつ同年齢集団のなかで、保育者の介入や仲介も受けながら、再びその喜びを得るべく、遊びをうまく成立させる方法を試行錯誤しつつ学び取っていくのです(8)。

ワーク3

年齢の近い集団でこそ盛り上がり、大きく展開する遊びを探してみましょう。また、その遊びが年齢の近い集団で成立しやすい理由を考えてみましょう。

ここまで、子どもたちにとっての人的環境の在り方を記述し、経験から学ぶ子どもたちの在り方を確かめてきました。

家庭や園の場に身を置く子どもたちは、身近な大人からの働きかけの下で不確かで揺らぎやすい雰囲気のなかで場そのものと自らの存在についての確かな感覚(被包感)を勝ち取ろうとします。また、年長者が事物に関わる姿を導きとして、事物の意味を掴み、自らもまたその意味を発揮させて他者と出会い直します。そしてこのような経験を通じて、子どもたちは自らが生きているところが事物に関

(7) Anderson, H.H. Educational implications of research in dominative and socially integrative behavior. *Journal of Educational Sociology*, 13, 1940, pp. 490-501.
White, R., & Lippitt, R. Leader behavior and member reaction in three "social climates". In D. Cartwright, & A.F. Zander (Eds.), *Group dynamics: research and theory* (pp.585-611). Evanston: Row, Peterson, 1953.

(8) Lewin, K. Experiments in Social Space. *Harvard Educational Review*, 9, 1939, pp.21-32.

わって他者と意味を共有し、(傷つきやすい)他者と共に生きる世界であることを掴んでいきます。子どもがこの時期に経験に学ぶことの核心とは、ボルノウ(9)も述べたように、この世界に「住む(生きる)こと」の意味を知ることそのものといえるでしょう。もちろん幼児期のこの学びは、学校や社会ですぐに十分に通用するほどのものではありません。しかし、家庭や園で大人に見守られて幼児期を生きるのには十分で、さらにそれは、その後の子どもたちの学校や社会での生活において何度も学び直される事柄の原初的経験となります*5。保育者は、子どもたちとともに生きる者としてこの時間が充実したものになるように努める一方、やがて大人になる者たちを育てる者として、その時間が少しでも将来に生きたものになるようにと計らうという、二重の役割を自然ととることになります。

(9) オート・フリードリッヒ ボルノウ著(大塚恵一・池川健司・中村浩平訳)『人間と空間』せりか書房 1978.

補足

*5 子どもたちにとって、園での経験は、学校的な世界への接続を潤滑にするが、よりひろい社会・世界を生きることにそれがどう位置づくのかは定かではない。子どもの生活の主たる時間を占める学校的な世界と社会とのつながり・接続が問われている。

図1　事物に関わり他者と共に生きる世界の展開－保育者は子どもたちの世界の広がりの導き手となる－

(木下寛子)

4章 物的環境
——物の性質や仕組みのおもしろさ——

> **POINT**
> ・子どもは直接的な体験をとおして具体的に、物の性質や仕組みのおもしろさを知る。
> ・子どもたちの豊かな発想力のもとに、想定外の使い方をとおして遊びが広がる。
> ・多様な環境のなかから子どもたちが「なんだろう」「おもしろそう」「やってみたい」と好奇心をもって関わり、主体的に遊びを展開できるような保育環境を構成することが重要である。

1 物の性質や仕組みのおもしろさ

(1) 物の性質を知る

　人は多種多様な物に囲まれて生活しており、物には大きい・小さい、重い・軽い、固い・やわらかいなど、さまざまな性質があります。大人であれば、本を読んだり、話を聞いたりして、知識として物の性質を知ることもできます。一方で、乳幼児期は、知識や技能を一方向的に教えられて身につけていく時期ではありません。自分の興味や欲求に基づいて、直接的で具体的な体験をとおして育っていく時期です。したがって、物の性質についても、子どもは物と直接関わりながら五感をとおして体得していくのです。

　とくに赤ちゃんのころは、口でなめたりかじったり（写真1）することも、物の性質を知るために行う主要な方法のひとつです。その他にも何か目的があって使用するというよりも、物をつかんで持ち上げる、ぶつける、落とす、振る、転がす、眺めるなどさまざまな行動により、物に直接ふれて、その性質を知るような探索活動（写真2）が多くみられます。

写真1　なめたりかじったり

　もう少し大きくなってくると、同じ物を使っても、ごっこ遊びで食べ物を入れる器として使用する（写真3）など、物の性質を知ったうえで工夫して遊びに活用することができるようになります。

　したがって、乳幼児期にさまざまな素材や道具に直接ふれ、物の性質を生かして遊びに活用できるように環境を構成する必要があり

写真2　探索中

ます。たとえば廃材（空き箱、牛乳パック、ペーパーの芯など）は、日常生活において豊富に集めやすく、子どもたちが自由に用いて工夫しながら製作活動を行いやすい素材です。どんぐりなどの木の実や、さまざまな色の葉といった自然物も、子どもたちといっしょに集め、種類別に分けておけば遊びの発想も広がるでしょう。紙類も画用紙や、折り紙、和紙、ダンボールなど、大きさや厚さ、色など多様なものをそろえておくとよいでしょう。はさみやセロハンテープなどの道具も、種類別にわかりやすく配置しておきます。

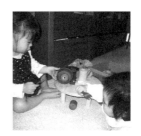

写真3　ごっこ遊びでは器に

（2）物の仕組みのおもしろさ

　物はその形や重さなどの特徴によって、転がり方や落ち方などは異なります。たとえば、ボールは力を加えた方向にまっすぐ転がっていきますが、バケツはその場で弧を描くように転がります（事例1）。葉は茎を持って指を動かすだけで、くるくる回るように動き、手を離すとひらひらと舞うように落ちます（事例2）。どちらの事例も、子どもたちがその動きに気づいたときに驚き、じっと見つめ、物の仕組みのおもしろさを楽しんでいる様子が伺えます。

　4・5歳児ごろになると、パイプなどをつなげて、どんぐりを転がしたり、水を流したりするような大がかりな装置を子どもたちが協同して作るようになりますが、それも「物は高い所から低い所へ転がる」という仕組みを体得したからこそできる遊びです。そして、どのように転がるかは、そのときに用いる素材や道具、組み立て方次第で大きく異なることを体験します。時間がたつのも忘れて、試行錯誤しながら転がり方や流れ方を工夫していきます。このように子どもたちは、直接物と関わることをとおして物の仕組みのおもしろさを学んでいくのです。

【事例1　バケツの動きをじっと眺める（2歳児1月）】
　Aくんはひとりで、テーブルの上でカエルジャンプゲーム（プラスチック製のカエルをはじいて飛ばし、バケツに入れるゲーム）をしている。そのうちに<u>バケツが倒れて転がると、弧を描くように揺れる様子をじっと見る。動きが止まると、バケツに触れて動かし、またじっと見つめている。</u>

※事例の下線部は子どもが物の仕組みのおもしろさを楽しんでいる様子である。

【事例2　ふわっふわっふわあ：葉の動きを楽しむ（2歳児11月）】
　Bくんは園庭に葉っぱが落ちているのを見つけて拾い上げる。茎のところをもって指をすり合わせるようにすると、葉っぱがくるくると回り、しばらく眺めた後、「見て、葉っぱ回ってるよ」と筆者のところへ見せに来る。筆者は「くるくる回ってる」と言い、Bくんは葉っぱが回る様子を眺める。
　Bくんは葉っぱから手を離して落とし「ふわっふわっふわあ」とつぶやく。その葉っぱを拾い上げてまた手を離し、葉っぱがひらひらと落ちる様子をじっと眺める。また拾い上げて「先生」と言って筆者のほうを見上げて葉っぱを落とし、筆者は「ふわっふわっふわあって」と葉っぱが落ちるのに合わせて言う。Bくんは「ひゃあ」というような歓喜の声を上げて笑顔で葉っぱを拾い上げる。その後、地面を見て探すように移動し、もう1枚葉っぱを拾い上げて、筆者のもとに戻って来て「一緒に」と言って1枚葉っぱを手渡す。筆者は「一緒にふわって？」と尋ねるとBくんはうなずき、2人で葉っぱを落とす。その後もしばらく、葉っぱが落ちる様子を見て楽しむ。

▤ワーク1
　写真4の子ども（1歳10か月）は、スコップで砂をすくってバケツに入れ、その砂を地面にこぼすことを繰り返しています。そのことをとおして、どのような経験をしているでしょうか？
　また、子どもがその遊びに十分に取り組んだ後に、さらに遊びを発展させたり、砂遊びの楽しさを伝えたりするために、あなたならどのように関わりますか？

写真4　砂を入れてこぼす

2　物の想定外の使い方

(1) 想定外の使い方とは

　身の周りにある物には、それぞれ定められた標準的な用途があります。たとえば、帽子は主に暑さや寒さをしのぐために使用します。しかし、子どもは木の実や草花などを入れるかばんとして使用することもあります。夏の暑い日の水遊びで、帽子をバケツ代わりにして水をくみ、その水を頭の上からかぶった子どももいます。

4章　物的環境－物の性質や仕組みの面白さ

あるいは、バケツは砂場で土を入れたり、水をくんだりして運ぶために使用するのが標準的です。しかし、それを帽子のようにかぶっておどけてみたりすることもあります。

さらに、単に柱のデザインとして少し張り出している部分に、積み木の動物を並べて遊ぶなど、本来、遊びの用途として作られていないものを遊びに活用することも多々あります。

このように、大人が想定し、常識的であると考えている本来の使い方から外れた「想定外の使い方＝物に定められた標準的な用途から逸脱した非典型的・非日常的な使い方」(1) が、子どもの遊びにはさまざまに見受けられます。

(2) 想定外の使い方から生まれるもの

想定外の使い方により、本来の想定とのずれが生じ、視覚的刺激となってその使い方を用いた遊びが浮き彫りになり、子どもの発想力を軸としながら以下の4点が生まれます (2)（図1／事例3）。

① おもしろさ：笑いやユーモアが生じる、これまでに経験のない、少ないおもしろさを味わう。
② 遊びの発展：すでに行われている遊びが新たな展開を見せたり、盛り上がったりする。
③ 物と関わる経験：自由な発想で物を扱う、標準的な用途にとらわれず目の前にある物を遊びに生かす。
④ 相互作用のきっかけ：周囲に遊びが見えやすくなり、遊びへの参加者が現れ、子ども同士の新たな関わりが生まれる。

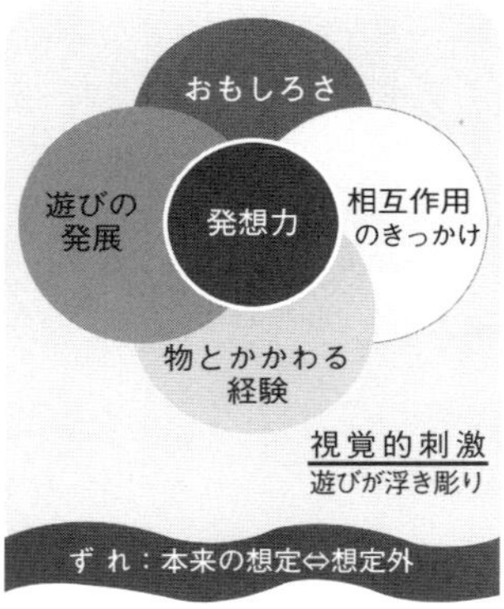

【事例3　フラフープの電車（2歳児11月）】
　Cくんは玄関前付近の<u>ベンチが並べられた上で</u>「ガタンゴトーン」と言いながら、フラフープを電車に見立てて転がすように動かしている。Dちゃんは<u>フラフープを両手で身体の前に持って動かし、ハンドルに見立てて運転</u>しながら、先生と数名の子どもたちと一緒に園庭を走り回っている。
　Cくんの近くに来たDちゃんは足を止め、Cくんの真横に立ち、<u>Cくんと同じように「ガタンゴトン」と言ってフラフープをベンチ</u>

(1) 松井愛奈「保育環境における想定外の使い方と遊びの発展―2歳児から4歳児までの3年間の縦断的検討―」『保育学研究』55(2) 2017、pp.64-72.

(2) 同上書

図1　想定外の使い方から生まれるもの

※事例の下線部は想定外の使い方を表している。

の上で転がすように動かしていく。
　その後、Cくんはフラフープをベンチの上から地面に向かって動かし、フラフープを地面につけて持って「あれ？　落ちちゃった。ねえねえ、この電車、海に落ちちゃった」と言ってDちゃんを見る。Dちゃんは「ガッタンゴットン、ガッタンゴットン」と言いながら、フラフープを電車のように見立ててベンチの上を動かして進めており、Cくんに背を向けていて気づかない。Cくんは声を大きくして「ねえねえ、Dちゃん。Dちゃーん、この電車、海に落ちちゃった」と言う。Dちゃんも気づいて、フラフープの電車を動かしながら、Cくんの所まで戻って来る。Cくんは「走ってるとき海に落ちちゃった。走ってるとき海に落ちちゃったー」と言い、Dちゃんも手を止めてその様子を見る。Cくんはさらに「壊れるねえ、海に落ちたら」と言うが、Dちゃんはまたフラフープを転がしながら少し動かした後、近くにいる先生のもとへ走り去って行く。Cくんはその後もその場にとどまって、フラフープの電車を動かしていく。

　フラフープは体を振って落ちないように回して遊ぶ道具ですが、Cくんはフラフープそのものを「電車」に、Dちゃんは「ハンドル」に見立てて用いており、本来の想定とはずれが生じています。フラフープは円形であるため、同じ円形のハンドルに見立てることは比較的起こりやすい想定外の使い方といえます。一方で、フラフープそのものを一台の「電車」に見立てて手に持って動かすことはあまり見かけない想定外の使い方ではないでしょうか。実際、Dちゃんもそれを見て足を止め、Cくんと同じような想定外の使い方を試みます。周囲に遊びが見えやすくなり、遊びへの参加者（Dちゃん）が現れ、子ども同士の新たな関わりが生まれた瞬間でもあります。その後まもなくDちゃんはその場を去り、ごく短時間の遊びの共有に終わってはいますが、自由な発想のもとに、標準的な用途にとらわれず目の前にある物を遊びに生かしており、これまでに経験のないおもしろさを味わったのではないでしょうか。

ワーク2
　身の周りにある物3つについて、どのような想定外の使い方がで

きるか、それぞれできるだけ多く挙げてください。さらに、その想定外の使い方から新たな遊びを考案できないか検討してみましょう。

3 遊びを生み出す物的環境

　保育の環境には、保育者や子どもなどの人的環境、施設や遊具などの物的環境、自然や社会の事象などがあり、人、物、場などの環境が相互に関連しあっています。したがって、子どもにとっての環境とは子どもを取り巻く世界すべてですが、ここでは物的環境に焦点を当てて、子どもの発達を促す遊びを生み出す環境の在り方について説明していきます。

(1) 子どもの主体性を発揮できる環境

　子どもの遊びが発展していくように多様な視点から熟慮し、環境を構成するのは大人です。しかし、それは大人の意図どおりに子どもを動かすという意味ではありません。与えられた環境のなかで、子どもたちが自ら「なんだろう」「おもしろそう」「やってみたい」と感じられることが重要です。そして、子どもが好奇心をもって主体的に関わり、自由な発想のもとに遊びを行う機会が保障されなければなりません。大人の指示どおりに動き、創意工夫の余地がないのであれば、それは遊びとはいえません。

　たとえば、製作活動であれば、言われたとおりに全員がまったく同じものを作ることに意義があるでしょうか。同じテーマのもとに製作するとしても、子どもたちが想像力を働かせ、それぞれが抱いたイメージを自由に表現できることが大切です。そのために先に述べたように、さまざまな素材や道具を豊富に用意しておく必要があります。それと同時に、使いたいと思ったときにすぐに子どもたちの手の届くところに置いてあることも欠かせません。そうすれば、保育者に頼んで出してもらうのではなく、自らの力で意欲的に用意し、工夫を凝らして製作し、元の場所に片づけることもできます。子どもにとって魅力的な環境において、準備から後片づけに至るまで子ども主体の遊びが展開できるのです。

(2) 安心して落ち着ける環境

1) 安心して遊びだせること

　子どもが夢中になって思う存分遊ぶためには、その環境に対して安心感を抱いていることが必要です。初めての場所、慣れない場所では慎重になり、なかなか遊びだせない場合もあります。まずは、物的環境として子どもたちが遊びたくなるよう、子どもたちの心を捉える魅力的な物や空間を整える必要があります。

　入園当初など慣れない場所で不安が強いときには、すべての遊具類がきれいに片づけられた部屋ではなく、あえて作りかけのブロックや積み木を用意したり、ままごとコーナーのテーブルの上に、料理を盛りつけたお皿を置いておいたりするなど「遊びかけ」の状態にしておくこともあります。それによりまだ慣れない場所でも、すぐに遊びに入りやすくなるようなきっかけを作り出しているのです。

　また、家庭ではそろえにくく、園でしか遊ぶことのできない質の高いおもちゃがあることも魅力的ですが、家庭にもよくありそうなもの(電車のおもちゃ、折り紙など)を出しておくこともあります。それらも、子どもにとって「自分の家と同じ」と安心して遊びを始められるきっかけとなるのです。

　つまり、保育環境は子ども用のおもちゃを買いそろえてただ並べるのではなく、いつ、どこに、どのようなものを、どれくらい配置するのかを十分に吟味したうえで、子どもたちが安心感をもって遊べるように構成されているのです。

2) 静かに落ち着いて過ごせること

　子どもの遊びには、走る、とびはねるなどの動的なものもあれば、座って積み木やパズルをするなどの静的なものもあります。どんなに活発な子どもであっても、1日中休みなく走り回っているわけではないでしょう。ひとり遊びや少人数の遊びに集中したり、ほっとくつろいだりする時間と空間も欠かせません。そのため、他の子どもからじゃまされず落ち着いて過ごすことができるよう、家具や間仕切りなどにより囲まれた空間や、動的な活動から少し離れた静かな場所を確保することが必要です。

　また、クッションやソファ、毛足の長い敷物など、やわらかい家

具や生活用品も、そこに座ったり寝そべったりすることにより、く
つろぐことができます。ぬいぐるみなどの柔らかいおもちゃも、安
心感をもたらすものとして役立つでしょう。

3）温かい雰囲気と十分な時間

　上述したように安心感を与える、質の高い魅力的な物がそろいさ
えすればよいわけではありません。その場の雰囲気が温かく、子ど
もの気持ちや行動に対して応答的なものであることが必要です。う
れしいときや楽しいときにはともに喜び、笑い、怒ったときや悲し
いときにも気持ちに寄り添う保育者の存在が欠かせません。

　さらに、遊びには十分な時間が必要です。遊びの豊かさとは、細
切れに次から次へと新しいことに取り組み、1日のうちにどれだけ
多くの遊びを経験したかではありません。好きな遊びに落ち着い
てじっくりと取り組み、充実感や満足感を得られることが重要です。
思う存分遊びに取り組んだり、くつろいだりするための、ゆったり
とした時間を保障することが不可欠です。

（3）安全性と冒険・挑戦

　安全性は、保育環境において大前提となる条件です。重大な事故
が起こらないよう、日頃から安全点検を怠ってはなりません。保育
者が安全対策を施しながら、子どもたちにも安全につながる身体の
使い方を指導することにより、安全と動きやすさを備え合わせた自
由な活動が可能となり、子どもたちは場所に慣れるとともに、各場
所の特徴をつかんでいきます[3]。

　安全性の確保とは、ありとあらゆる危険を取り去ることではあり
ません。たとえば、遊具はなく芝生の敷きつめられた広い運動場で
は、転んでも大したけがをすることもなく、思う存分走り回ること
ができます。寝転んでも心地よいでしょう。しかし、そこでの遊び
は長続きしません。走る以外の遊びが発展せず、やがて退屈して飽
きてしまうでしょう。しかし、もしそこに木があれば木登りもでき
ます。さらに、木を挟んだ鬼ごっこは駆け引きができておもしろさ
が増します。のぼったりすべったりぶらさがったりする遊具があれ
ば、さまざまな身体の動きを楽しみながら体得することができます。

(3) 福田秀子・無藤隆・向山陽子「園舎の改善をとおしての保育実践の変容 I」『保育学研究』38（2）2000、pp.87-94.

そのような活動には、多少のけがはつきものです。すり傷などのけがをする可能性はありますが、スリルのある冒険心を満たす遊びも子どもの発達において必要不可欠です。日頃から小さな危険を体験することをとおして、これ以上のことをすれば大けがをしてしまうからやめようと自ら「判断」できるようになります。やってもよいかどうかの判断を大人に頼るのではなく、子ども自ら可否を判断し、大きな危険を回避できることが最終的に求められる力です。

体験したことのない活動を試みたり、今の自分の力の限界を知ったりするため、さまざまなことに「挑戦できる環境」において重要なのは、「失敗が許されていること」です[*1]。つまり、挑戦する前に、やってみるかどうか悩んだり、途中まで試して無理だと思えば「やっぱりやめた」と引き返したりすることができる状況です。ここでも子どもが自らそれを「判断」できることが重要です。

そのためにも、自分の力で登り降りできるようになるまでは「簡単には行けない、無理な動きをさせない」構造、「落ちない、落ちても心配のない」構造が必要であること、それにより大人が制止する必要もなくなり、安心感を高められることが指摘されています[*2]。

(4) 想定外の使い方が生まれる保育環境

先に述べたように、子どもたちは本来の用途とは異なる想定外の使い方により遊びを行うことがよくあります。そのような想定外の使い方に対して、保育者が認める、認めない理由にはさまざまなものがあること、また、子どもの発想を尊重すれば認めたいが、集団生活においては認めがたい場合もあるなど、認める、認めない判断において葛藤が生じることが見出されています(4)（図2）。

園における想定外の使い方は、安全面の不安や集団で用いることへの抵抗感などから一律に禁止される場合もあります。安全性の確保は重要であり、重大な事故が起こることは避けなければなりません。しかし、「遊び道具ではない」「変えてはいけない」などと頭から否定するのではなく、なぜ禁止にしているのか、安全性を確保できる方法はないかなどを十分に検討していく

補足

[*1, 2] 公園によくあるハシゴのついたすべり台は、1歳児でも上ることができるが、足を踏み外したり身を乗り出したりすれば落下して大けがをする危険性がある。しかし、本来はそのような幼い子どもが利用することが想定されていない。大きな危険を防ぐために、すべり台を築山と一体化させたり、斜面に沿わせたりすることにより、既成のすべり台以上の遊び方や挑戦のバリエーションを保障しつつ、安心性も確保することができる。（木村歩美・井上寿著『子どもが自ら育つ園庭整備―挑戦も安心も大切にする保育へ』ひとなる書房　2018.）

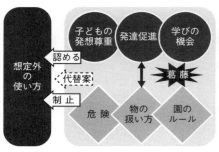

図2　想定外の使い方に対する保育者の対応

ことにより、その想定外の使い方を禁止する必要はないことが判明する場合もあるでしょう。

安全が保障されている状況で想定外の使い方を認めることは、子どもの豊かな発想力を育み、新たな遊びが生まれたり、遊びの発展を支えたりすることにつながります(5)。子どもの自由な発想に基づく物の多様な使い方が認められない環境では、画一的な遊びしか生まれません。子どもの力で環境をつくりだすことを認め、想定外の使い方が生まれる環境は、創造性豊かな遊びの発展の可能性を秘めた環境であるといえるでしょう。

(5) 子どもが遊びやすい空間

子どもたちが遊びやすい空間として「遊環構造」(6)(7)が提起されています。遊環構造には、「循環機能がある」「その循環の道が安全で変化に富んでいる」「その中にシンボル性の高い空間、場がある」「その循環に"めまい"*3を体験できる部分がある」「近道ができる」「循環に大きな広場や小さな広場等がとりつけられている」「全体がポーラス（多孔質）*4な空間で構成されている」といった特徴があります。それにより、子どもたちの動きが活発になり、遊びが生まれやすいことが指摘されています。

また、就学前施設で子どもの滞留行動が起こりやすい場所には高所（高いところで幼児の視線が変わるところ）、別所（平面的であっても区画され、他の部分から差別化されたところ）、閉所（囲われて閉鎖的な場所）があり、それらの種類、位置、規模によって滞留行動は異なることが見出されています(8)。

したがって、遊びの場の空間的特徴を捉えた上で、そこで展開される遊びを予想し、環境を整えていく必要性が示唆されます。

■ワーク3

子どものころの印象深い遊びを思い出し、その遊びの流れと、遊びが行われていた物的環境（場所、空間の広さや形、使っていた物など）を書き出してみましょう。それらの物的環境は、遊びの展開にどのように関わっていたか、詳しく分析してみましょう。

(松井愛奈)

(4) 松井愛奈「幼児による保育環境の想定外の使い方 ―日本とニュージーランドの保育者はどのように捉えるか―」『京都文教大学心理社会的支援研究』第6集 2016、pp.21-32.

(5) (1)と同様

(6) 仙田満著『子どもとあそび―環境建築家の眼』岩波新書 1992.

(7) 仙田満著『子どもの庭 仙田満＋環境デザイン研究所の「園庭・園舎30」』世界文化社 2016.

*3 "めまい"とは跳びはねる、滑る、飛ぶ、駆け降りる、揺れるといった行動により、肉体的精神的に一時的パニック状態を体験することである。遊具では、ブランコやすべり台が代表的である。

*4 ポーラスとは多数の穴が開いていてさまざまな所から出入りできることである。

(8) 仙田満著『環境デザインの方法』彰国社 1998.

5章 自然環境
――動植物への興味や生命に触れる経験――

POINT

- 私たちヒトは、他の全ての生物と同様に「自然そのもの」な存在である。
- 自然環境との豊かな関わりによって、知的好奇心や探究心、想像力や創造性、運動能力、感性などさまざまな力が育まれる。
- 保育者には、自然の美しさや神秘さ、不思議さを子どもと共有し、その「センス・オブ・ワンダー」を育んでいく役割が求められる。
- 季節ごとに見られる動植物に子どもが興味・関心を持てるような環境構成を行うことが必要である。

1 センス・オブ・ワンダー

「センス・オブ・ワンダー*1 =神秘さや不思議さに目をみはる感性」とは、『沈黙の春』*2 を著し、農薬が環境に与える影響について誰よりも早く警鐘を鳴らしたレイチェル・カーソン（1907-1964）が残した言葉です。

(1) レイチェル・カーソンが描いた自然

　作家であり、海洋学者であったレイチェルは、『センス・オブ・ワンダー』や『沈黙の春』のほか、生涯自身の研究テーマであった「海」に関する数多くの著作を残しています*3。彼女の著作に登場するさまざまな生物には、その一つひとつに特有の固有名詞（たとえば、アンコウの「ロフィウス」、ウナギの「アンギラ」など）が与えられ、「アンギラもついていった」「アンコウのロフィウスは（中略）気がついていた」（いずれも『潮風の下で』より）など、本来であれば人に対してのみ使われるような表現を用いて、その様子が生き生きと描かれています。レイチェルの残した著作を読むと、私たちと自然とを切り離して考えることは決してできず、私たちは自然の一部であり、自然から直接的にも、間接的にも、多くの恵みを受けて生活していることを感じることができます。

補足

*1 『センス・オブ・ワンダー』
　レイチェルが残した最後の書籍。レイチェルの死後、雑誌に掲載された原稿をもとに彼女の友人たちによって出版された。甥のロジャーと海辺や森のなかで過ごした経験をもとに書かれた作品で日本語訳は1996年に新潮社より出版されている。

*2 『沈黙の春』
　アメリカ連邦政府漁業局に勤めていたレイチェルが、長年の調査をもとに著した書籍。当時大量に使われるようになっていた農薬や化学物質が環境に与える影響について警鐘を鳴らした。1962年に

5章　自然環境──動植物への興味や生命に触れる経験

(2) 自然体験によって育まれるもの

ワーク 1

　自然のなかで過ごした経験を思い出してみましょう。山や海などの大自然のなかでの経験でなくてもかまいません。校庭や園庭に咲いた小さな草花をじっと眺めたり、摘み取って遊んだりしたことや、虫を捕まえたり、星空や雲を見上げたりと私たちの身の回りにある小自然のなかで過ごした経験もできるだけ詳しく思い出して書き出し、話をしてみましょう。

　「自然環境」とは、「人間がつくったものではない、自然の事物や現象、自然物」[4]を指します。上記のワークで示した草花や虫、星や雲も人間が作ったものではない自然物です。私たちは、自然のなかにいて、自然物と関わるとき、不思議と気持ちが落ち着いたり、心が穏やかになったりします。なかには、見たこともない昆虫や美しい草花に興味・関心を抱いた人もいるかもしれません。自然は、私たちに心の安らぎを与えてくれます。また、さまざまな自然物の関わりによって、好奇心や探究心も育まれます。

　今から約46億年前に地球が誕生し、38億年前に地球上の最初の原始生命が誕生してから、「いのち」の設計図であるDNAが引き継がれ、約200万年前に私たち現生人類へと進化しました。その後もヒトは長く自然のなかで、自然とともに生活をし、現在のように都市化や工業化が進み、自然と切り離されてしまったかのような生活になったのは、ここ数百年のうちだといわれています。

　また、私たち一人ひとりの「いのち」は、父親の精子と母親の卵子とが受精した、たったひとつの受精卵から始まります。その大きさは約0.2mm。よく尖ったシャープペンシルの先でノートを突いたときに書かれる小さな点ほどの、私たちが肉眼で見ることのできるぎりぎりの大きさです。受精卵は、母親の胎内にいる約266日間に、分裂を繰り返し、1個体のヒトとなって誕生します。胎児が1個体となっていく過程において、少なくとも脊椎動物の進化の過程をたどるといわれています[5]。発生の初期は他の脊椎動物とも非常

アメリカで出版され、出版した際には300万部も売れ、話題となった。日本語訳は、1974年に新潮文庫より出版されている。

[3] 日本語訳をされているものであれば、『われらをめぐる海』(ハヤカワ文庫、1977)、『潮風の下で』(岩波書店、2012)などがある。

[4] 三宅・爾の定義による(三宅茂夫・爾寛明・大森雅人編著『保育内容「環境」論』ミネルヴァ書房　2010、p.31)。植物や動物などの自然物は、人間がつくったものではないが、「花壇」「畑」「里山」などは人との関わりによってつくられたものである。自然物それ自体を人間がつくることはできないが、人間が影響を与え、改変することによってつくられてきた自然環境もあるという視点ももっておきたい。

[5] たとえば、ヒトは受精後1ヶ月ごろエラを持っており、それが退化して肺が作られる。
　また、胎児の手には爬虫類・両生類のような水かきがあるが、発

によく似ており、このことからもヒトは他の生物と共通の祖先から進化してきたことがわかります。

このように、私たちヒトは、他の全ての生物と同じように「自然そのもの」な存在なのであり、自然のなかにいると心が落ち着いたり、自然物に興味・関心を抱いたりすることは、ごく自然なことなのです。

心の安らぎを感じたり、好奇心や探究心が育まれたりすること以外にも、豊かな自然体験によって育まれる力はたくさんあります。下の写真は熊本県上天草市にある大矢野あゆみ保育園の園庭です。大型の固定遊具は置かれておらず、子どもたちは水、砂、土、木、石、動植物などさまざまな自然物と関わって遊びます＊6。

生に伴いなくなるなど、胎児の成長の過程には、その随所に脊椎動物の進化の過程が見られる。伊藤明夫著『自分を知る いのちの科学 改訂版』培風社 2016、p.88.

＊6 大矢野あゆみ保育園の園庭は、子どもが段階を踏んでさまざまなものと関われるように年齢別に構成されて

写真1　大矢野あゆみ保育園の園庭①

写真2　大矢野あゆみ保育園の園庭②

写真3　子どもが自然物で作った作品

写真4　石を「赤ちゃん」に見立てて遊ぶ様子

大型遊具は、ダイナミックな遊びができ、運動能力の発達や、使用する際に順番を守ることでルールを覚えることができるなどのメリットがあります。一方で、安全性の面からもその遊び方は決まっ

いる。写真1は0歳児から年中児、写真2は主に年長児が遊ぶ園庭

5章　自然環境─動植物への興味や生命に触れる経験

てしまうというデメリットもあります（たとえば、すべり台であれば、階段のほうから登るなど）。自然物は、人が作った大型遊具とは違い、その遊び方は決まっていません。大型遊具を置かず、子どもがさまざまな自然物と関わり、遊び方を見出すことで、想像力や創造性が育まれるといえるでしょう。

　大矢野あゆみ保育園では、泥や砂、枝、板などを組み合わせたり、石を「赤ちゃん」に見立てたりして遊んだりする様子が見られました[*7]。また、崖を登ったり、でこぼこした地面を走り回ったりして遊ぶことは持久力、瞬発力、柔軟性などの体力や運動能力を育みます。自然素材を使って、その色や形を繊細に感じ取りながら作品を作ることは、豊かな感性を育むでしょう。

（3）自然体験における保育者の役割

　レイチェルの著作『センス・オブ・ワンダー』に、「『知る』ことは、『感じる』ことの半分も重要ではない[(1)]」という一節があります。動物や植物、山、川、雲、風などさまざまな自然物の美しさや神秘さ、不思議さに心を動かす経験は、その対象へのさらなる興味へとつながります。そして、自分で心を動かし体験をとおして得たことは、実感を伴った知恵としてしっかりと身体に刻まれていきます。

　とくに幼児期の子どもにとって大人が一方的に事実を伝え、それを鵜呑みにさせてしまうことは、かえってその対象への興味・関心を失わせることになりかねません。レイチェルも指摘するように、子どもに生まれつきそなわっている「センス・オブ・ワンダー」をいつまでも新鮮に育んでいくためには、その美しさや神秘さ、不思議さを子どもと一緒に再発見し、感動を分かち合うことのできる大人の存在が必要です。

　保育者には、子どもが自然環境と関わるとき、身近な大人として、このような役割が期待されます。動植物の名前など自然のことについて「知らない」ことを気にしすぎるのではなく、まずは子どもたちと一緒に発見や感動を分かち合うことを心がけましょう。身近にある自然でも「センス・オブ・ワンダー」を研ぎ澄ませてみると、とても不思議で、新鮮な感動を与えてくれることに気づくはずです。

である。大矢野あゆみ保育園での実践の詳細は、『子どもが生み出す絵と造形－子ども文化は美術文化』（エイデル研究所 2012）を参照されたい。

[*7] 前ページ写真 1 ～ 4 を参照。

(1) レイチェル・カーソン著『センス・オブ・ワンダー』新潮社 1996、p.24.

2　四季の変化

　日本は地球の北半球の中緯度に位置し、春、夏、秋、冬というはっきりとした「四季」のある国です。夏は気温が高く、太陽が出ている時間も長く、一方で冬は、気温が低く、太陽が出ている時間も短くなります。これは、地球が太陽の周りを公転する際に、自転軸が公転面に対して傾いているためであり、このことにより、北半球の中緯度に位置する日本では、夏と冬とで太陽の当たり方が異なります。光のあたる角度が直角に近くなる夏では、当たる光の量が多いため気温が高くなり、光が当たる角度が小さくなる冬では、当たる光の量が少なくなり気温が低くなるという仕組みです[*8]。

　また日本は南北に長いため、北海道と沖縄とでは季節の移ろいも大きく異なっています。沖縄や奄美の島々では１月にはヒカンザクラが開花しますが、北海道では、４月末から５月になってようやく桜前線が上陸します。このように地域によって気温のほか、降水量などの条件も異なるため、それに応じて季節ごとに見られる動植物にも違いが見られます。

　この節では、季節ごとに見られる動植物について、日本全国に生息する一般的なものを取り上げて説明をしていきます。取り上げることのできる動植物はほんのわずかですので、これらを探してみることをきっかけに、ぜひ、その地域特有の動植物や、見られる時期の違いなどにも目を向けてみてください。

(1) 春

　春には、多くの草木が芽吹き、花を咲かせます。道端や公園に植えられたサクラ（ソメイヨシノであれば３～４月）やウメ（２～３月）、モモ（４月）、ヤブツバキ（２～４月）[*9] などもこの時期に開花します。人によって植えられた植物だけでなく、草地に生える多くの雑草もこの時期一斉に花を咲かせます。タンポポ、シロツメグサ、ハルジオン、オオイヌノフグリ、ハハコグサ、ハコベ、ナズナ、ホトケノザ…など「雑草」と普段ひとまとめに呼ばれている植物にも一つひとつにきちんとした名前があり、その色、形、大きさは極めて多様

*8 地球の公転

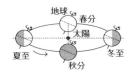

１年のなかで日本では最も太陽が高く当たる光の量が多くなる日を「夏至」、最も太陽が低く当たる光の量が少なくなる日を「冬至」という。

*9
サクラ

ウメ

モモ

ヤブツバキ

（イラスト：清田瑞穂）

5章　自然環境—動植物への興味や生命に触れる経験

です。

　たとえば、身近な雑草であるナズナとホトケノザを探し、その2つを比べてみましょう[*10]。花の色や形、茎の太さ、葉のつき方など大きく異なっています。なお、ナズナの葉と間違えられやすい平たいハート形の部分はナズナの果実であり、その中に種子ができます。

　たくさんの草木が花を咲かせる春には、大きな木々だけでなく足元に見られる小さな草花に、ぜひ、子どもたちと一緒に目を向けてみましょう。摘んできた草花を小さな花瓶に生けて教室に飾ったり、春の植物を使ってできる遊びや作ることができるものを持ち寄って「くさばなおみせやさんごっこ」[*11]をしたりすることで、いろいろな植物を遊びや生活のなかに取り入れることもできます。

　この時期には、植物だけでなく多くの動物も冬眠から覚めたり、卵からかえったりして、活動が活発になります。園庭には、モンシロチョウやテントウムシ、田んぼにはオタマジャクシやイモリ、ザリガニなどが見られます。子どもたちが日々のお散歩や園庭の小さな草むらなどで、さまざまな動植物との出会いを楽しむことができるように、まずは保育者自身がさまざまな動植物の存在に気づき、環境構成を考えることが必要です。

(2) 夏

　夏は、1年で気温が最も高くなり、草木には葉が生い茂り、緑豊かな季節です。オシロイバナ（7〜10月）やアサガオ（7〜10月）、ヒマワリ（7〜9月）、ホウセンカ（8〜9月）[*12]などはこの時期に花を咲かせる植物です。これらの植物は、「夏生一年生植物」といい、春に種を撒き、夏に花を咲かせます。春に、「夏生一年生植物」の種を撒いておけば、種から芽が出て、葉が茂り、つぼみをつけて花を咲かせる様子を観察することができます。

　また、夏には生い茂る葉を使って「葉っぱのスタンプ」や「葉っぱのこすり出し」[*13]などの制作を行うこともできます。植物を使った制作を行う際には、保育者が葉などを最初から全て用意し、制作に使う素材としてのみ渡すのでは、子どもと自然環境との豊かな関わりという観点からは十分ではありません。木々に生い茂る葉を

ナズナ

ホトケノザ

（イラスト：外山沙也加）

[*11] 長谷川摂子作・沼野正子絵『うーらうららはるまつり』福音館書店 1994 が参考になる。
　「おまつりじゅんび・つくりかた あそびかた」についての掲載もあるため、子どもたちと一緒に「くさばなおみせやさんごっこ」を計画するのもよいだろう。

[*12] オシロイバナ

アサガオ

ホウセンカ

（イラスト：外山沙也加）

じっくりと見上げて、それらをちぎってみたり、木々によって茂る葉の形が違うことを比べてみたりと、子ども自身が季節の変化や植物の多様性などを感じることができる活動にすることが重要です。

　セミやカナブン、トンボ、バッタ、クワガタ、カブトムシなど夏には多くの昆虫を見ることができます。身近に見られるセミ、カナブン、トンボなどは、虫取り網と虫かごを用意して捕まえに行ってみましょう。日中セミがたくさん鳴いている場所に早朝に行ってみると夜に羽化したばかりのセミを見つけることもできます。図鑑や虫めがねなども用意すれば、捕まえた虫のくわしい名前を調べたり、細かな部分を観察したりすることができ、子どものさらなる興味・関心へとつながっていきます。子どもが昆虫を見つけてきた際にそれを飼うことができるような飼育ケースを用意したり、画用紙や色鉛筆、クレヨンなどを用意して捕まえた昆虫の絵を描くことができる環境を作ったりもできるとよいです。夏に見つけることのできる昆虫へのさらなる興味・関心を育むことのできる環境構成を行いましょう。

(3) 秋

　「実りの秋」という言葉があるように、秋はさまざまな草木が実をつけ、収穫が行われる時期です。収穫できる袋を用意して木の実や草の実、種子を探しに行ってみましょう[*14]。実や種子の色、形、大きさも植物によって極めて多様であることに気がつくでしょう。

　また、夏に生い茂った葉には、秋になると色鮮やかに変化するものもあります。このように、秋になると紅葉して葉を落とす樹木を「落葉樹」といいます。ブナやミズナラ、ハナミズキ、イチョウ、モミジ（カエデ）などが落葉樹です。落葉樹はもともと日本のなかでも高緯度の地域に生息する樹木です。一方で、秋になっても、紅葉して葉を落とすことはせず、一年をとおして常に緑色の葉を茂らせている樹木は、「常緑樹」と呼ばれます。常緑樹には、ブナ、シイ、カシ、クスノキ、ヤブツバキなどがあります。常緑樹は、もともと日本のなかでも低緯度の地域にみられる樹木です。現在は、落葉樹も常緑樹も街路樹などとして日本全国のどこでも見ることができます。緑色、黄色、赤色、オレンジ色、茶色などさまざまな色の葉を

補足

[*13] 出原大著『毎日の保育で豊かな自然体験！自然＊植物あそび一年中』学研プラス 2010 が参考になる。
　この書籍には、「葉っぱのスタンプ」「葉っぱのこすり出し」の他、季節ごとにできる数多くの自然・植物あそびが掲載されている。

[*14] 盛口満著『ぼくのコレクション自然のなかの宝さがし』福音館書店 2001 が参考になる。
　さまざまな木の実、草の実が描かれている他、この書籍にも季節ごとに見ることができるさまざまな動植物が描かれている。色鮮やかなイラストが中心なので、動植物を見つけにいくうえでも参考にもなるだろう。

5章　自然環境―動植物への興味や生命に触れる経験

探して集め、押し葉にして貼り絵なども楽しんでみましょう。

　また秋には、さまざまな虫の鳴き声を聴くこともできます。「ガチャガチャガチャガチャ」と鳴くのはクツワムシ、「コロコロリー」はエンマコオロギ、「リーリリィリリィ」は鈴虫、「ギイスイッチョン」はキリギリスです*15。秋に鳴く虫を飼うときには、種類ごとに飼う虫かごを別にし、それぞれの虫に合った飼い方をしましょう。その虫が生活をしている環境にできるだけ近づけてやるのが基本です。虫かごに土を入れ、かくれ場所になるような木の枝や草を植えましょう。土が乾いてしまわないようにときどき霧吹きで水をかけます。エサは、ナス、キュウリ、かつおぶし、りんごなどです。直接土に置くと腐りやすくなってしまうので、入れ物に入れたり、串に刺したりして与えるようにしましょう。

(4) 冬

　冬は1年で気温が最も低く、日の当たる時間も最も短くなる季節です。秋に色鮮やかに紅葉した落葉樹も葉を落とし、太い幹と枝だけになります。冬場の樹木は一見、何の変哲もない幹と枝のみのようにみえますが、観察すると「冬芽」を見つけることができます*16。

　「冬芽」とは、春になると生えてくる新芽が小さく折りたたまれて入っている円形や円錐形の部分です。冬の季節、落葉樹であれば、どんな樹木にも見られます。また、冬芽の下には落葉した葉の柄がついていた跡があり、これが「顔」のように見えるものがあります。とても小さいものなので虫めがねを持って行くとよいでしょう。散歩の途中や園庭などで、いろいろな木々の冬芽を見つけてみましょう。

　冬の季節、多くの動物は冬眠し、姿は見えにくくなります。春から秋にかけて数多く見られた昆虫もいなくなってしまったかのようです。しかし、多くの昆虫は本当に姿を消していたわけではなく、木の枝や朽ち木のなかや下、土のなか、落ち葉の下のほか、人間が生活する部屋の隅などの暖かい場所にじっと潜んで、冬を越します。

　卵、幼虫、さなぎ、成虫のどの状態で越冬するかは昆虫によってさまざまです。越冬した昆虫は、春から秋にかけて再び活発に活動します。次の季節の昆虫の様子などについても話しながら、落ち葉

補　足

*15 虫の声を調べるには、大野正男・佐藤聡明著『なく虫ずかん』福音館書店　1991などが参考になる。

　この絵本には、虫の鳴き声が「言葉」の他「音符」でも再現されている。虫の声を自分で声に出して真似してみたり、ピアノなどの楽器で演奏してみたりすることで、秋に鳴く虫にさらなる興味・関心をもつことにつながるだろう。

*16 「冬芽」を見つけに行く際には、長新太著（冨成忠夫・茂木透写真）『ふゆめがっしょうだん』複音館書店 1990などを読むと子どもの興味・関心も広がるだろう。

　さまざまな樹木の「冬芽」の写真が短いリズミカルな文章とともに掲載されている。

の下や朽ち木の中などを探して、越冬の様子を観察してみましょう。

ワーク2
本文で解説されている季節の楽しみ方のうち、今のあなたの環境で可能なものを実践してみましょう。

3 生命に触れる経験

　季節ごとに異なるさまざまな自然環境との関わりを通じて、私たちのごく身近な場所にも、その姿形、暮らし方など、極めて多様な動植物が生育していることに気がつくことでしょう。この地球上には、菌類や細菌類なども合わせると、約1400万種以上の生物が生息しているといわれています[17]。その姿形、暮らし方などは極めて多様ですが、全ての生物に共通することは「生命」すなわち「いのち」をもっているということです。植物の種や、動物の卵を育ててみると、とても小さな種や卵から、1個体の生物へと成長していくことに感動するでしょう。成長した植物は種子を、動物は子孫を残し、「いのち」は引き継がれていきます。この地球上に存在する1400万種の生物は全て、約38億年前に誕生した原始生命から「いのち」の設計図であるDNAを引き継ぎ、現在生きているのです。どんな生物も、38億年の「いのち」の歴史をもっており、そこには「下等」も「高等」もありません。

　領域「環境」の接続先の1つである小学校理科では、3学年においてモンシロチョウを卵から成虫まで育て、その成長の様子を観察するという単元があります。モンシロチョウの卵は、春、キャベツの中に産み付けられます。幼稚園、保育園でも、ぜひ、探すなどして育ててみましょう。1mm程度の卵から成虫のモンシロチョウへと成長していく姿に生命の神秘を感じることはもちろん、育てるなかで数多くの気づきや発見があるでしょう。

　一方で、幼稚園教諭、保育士を目指す学生のなかには、「嫌い」「触れない」など虫への苦手意識をもつ人も多いようです[18]。1節で説明をしたように保育者には、自然の美しさや神秘さ、不思議さを

補足

[17] これまでに公式に記載された生物は約190万種であるが、未発見・未記載のものも多く、実際の種の数は、多く見積もる研究者によれば2億種ともいわれる。
　一般的には、1400万種程度であると推測されているがその詳細は不明である。（鈴木孝仁監修・数研出版編集部編『視覚でとらえるフォトサイエンス生物図録』数研出版2017、p.252.）

[18] たとえば、木村・野崎（2016）、平田・小川（2017）では、幼稚園教諭・保育士志望学生を対象にした質問紙調査においていずれも半数以上の学生が「虫が嫌い」だと答えている。（木村紗帆・野崎健太郎「保育者および教員養成課程の女子大学生が虫に抱く意識：虫嫌いの仕組み」『椙山女学園大学教育学部紀要』2016、

子どもと共有し、その「センス・オブ・ワンダー」を育んでいくことが必要でした。虫が「嫌い」という意識から、それを態度に出してしまうことは、子どもが自然環境との豊かな関わりをとおして多くの力を培っていくうえで、悪影響になりかねません。虫に苦手意識をもつ人には、ぜひ、より広い視野をもって、このことを考えてみてほしいと思います。

　たとえば、虫が「嫌い」だとして、その虫が私たちの身の回りからいなくなってしまったらどうなるでしょうか。昆虫は、植物の花粉を運んでいますし、ミミズやダンゴムシなどは枯れ葉や生物の死骸を分解して、土に返す役割をしています。昆虫がいなくなれば、多くの植物は受粉できなくなり、植物がいなくなればそれを食べる草食動物、さらにそれを食べる肉食動物もいなくなってしまいます。私たちは野菜だけでなく、肉を食べることもできなくなってしまうのです。ミミズやダンゴムシがいなくなるということは、枯れ葉や生物の死骸を土に返す役割を担う生物がいなくなるということであり、自然は荒れ果ててしまうでしょう。

　このように生物は互いに支え合い、バランスを取って生活をしています。どんな生物にも生態系のなかでの役割があるのです。私たちとは全く姿形の異なる虫を目の前にした際に「嫌い」などというマイナスな感情が思わず浮かんでしまうのは、仕方のないことかもしれません。しかし、マイナスの感情をそのまま態度に出してしまうのではなく、「生物同士のつながり」というより広い視野で考えてみてください。さまざまなことを考え、その生物についてより深く「知る」ことで、感じ方もまた変化し、より豊かに「感じる」ことができるようになっていくはずです。

　現在は、「生物同士のつながり」のバランスが崩れ、さまざまな地球規模での環境問題も益々深刻になってきています[19]。私たちは一人ひとりがこの崩れたバランスについて考え、環境問題の解決に向けて行動していかなければなりません。子どもの育ちを支える保育者として、身近な自然環境との豊かな関わりを出発点に、今ある自然環境を守る取り組みについても考えていくことが重要です。

（坂倉真衣）

p.109-119. 平田豊誠・小川博士「幼稚園教諭・保育士志望学生の「虫」と「動物」についての意識調査」『佛教大学教育学部紀要16』2017、p.63-74.）

[19] 大気圏や水圏の汚染、地球温暖化、酸性雨、森林破壊、オゾン層の破壊、ゴミ問題など、地球規模で解決に取り組まなければならない数多くの環境問題が存在している。

　環境問題の解決に向けては、自然環境のことだけでなく、人権問題や平和問題、経済的な開発とのバランスなどを総合的・多面的に考えることのできる人材が必要であり、「持続可能な社会づくりの担い手を育む教育」（Education for Sustainable Development：略してESDとされる）の実施が求められている。

6章 社会の事象
——地域の文化や伝統行事を楽しむ——

> **POINT**
> - 「地域」には、家庭や園では出会えないような魅力的な事象があふれている。
> - 子どもにとって未知で不思議な「地域の大人」は、子どもの世界を広げてくれる貴重な存在である。
> - 「伝統行事」や「地域の文化」を、積極的に保育に取り入れていくことで、日常の保育が豊かになる。
> - 地域のなかにある「園」と「小学校」が円滑に接続することで、子どもの育ちを、面として、かつ縦断的に支えていく。

1　子どもにとっての地域の意味

　6章では、「地域」という社会環境に着目します。まずは、みなさんが子ども時代に過ごした「地域」の風景を思い起こしてみましょう。日々の生活のなかで、近所のおじちゃん・おばちゃんと元気にあいさつを交わしたり、パトロール中のお巡りさんの姿を見かけたり、活気ある商店街で買い物をしたり、公園や広場で思いきり駆け回ったり、電車やバスを見かけて手を振ったり、散歩中に犬や猫と出会ったりと、それぞれにたくさんのシーンが思い出されることと思います。このように「地域」には、家庭や園では出会えないような魅力的な事象があふれています。

　では、子どもが地域と接することには、どのような意味があるのでしょうか。保育所保育指針第1章総則に掲げられている「幼児期の終わりまでに育ってほしい姿」（1章参照）のうちのひとつに、「社会生活との関わり」という項目があります。この項目の解説には、子どもは「地域の身近な人と触れ合う中で、人とのさまざまな関わり方に気づき、相手の気持ちを考えて関わり、自分が役に立つ喜びを感じ、地域に親しみをもつようになる(1)」と記されています。つまり子どもは、地域の大人と挨拶や会話を交わすなかで、「あいさつがきちんとできて偉いね」「いつもお話ししてくれてありがとう」などと声をかけられることに喜びを感じ、そのような温かい関わりを積み重ねることを通して地域に親しみをもつようになっていくの

(1) 厚生労働省「保育所保育指針解説」2018、第1章4(2) 幼児期の終わりまでに育ってほしい姿、p.85.

6章　社会の事象―地域の文化や伝統行事を楽しむ

です。

さらに、子どもは「保育所内外のさまざまな環境に関わるなかで、遊びや生活に必要な情報を取り入れ、情報に基づき判断したり、情報を伝え合ったり、活用したりするなど、情報を役立てながら活動するようになるとともに、公共の施設を大切に利用するなどして、社会とのつながりなどを意識するようになる(2)」とも記されています。地域を散策して落ち葉や木の実を拾って帰り、それらを遊びに取り入れることができれば、遊びのおもしろさも格段に増すでしょう。地域の方々を園に招いて昔遊びを教えてもらうことで、子どもの遊びの幅が広がるだけでなく、生活の知恵を学ぶことができるかもしれません。あるいは、遠足や発表会で訪れた公共の施設が大好きな思い出の場所となり、地域への愛着や公共心の芽生えに繋がることもありえます。このように、「子どもにとっての地域」には、子どもの心をワクワクさせてくれる魅力が詰まっています。

(2)（I）と同様

写真1　地元の商店街で過ごす

写真2　地域のお祭りに出かける

そのなかでも「地域の大人」に焦点を絞って、もう少し考えを深めてみたいと思います。子どもは生まれてから、自分を世話してくれる家族や保育者と出会います。彼らは、ある程度子どもの思い通りになる"縦関係"の存在といえるでしょう。入園してからは、共に生活する同世代の子どもと出会います。彼らは遊び仲間であり、時には自分の思い通りにはならない"横関係"の存在となります。そして、いざ地域に足を踏み入れると、そこで「地域の大人」に出会います。地域の大人はじつに多種多様で、子どもにとっては、これまでの縦関係でも横関係でもない未知の存在です。子どものため

に子どもに向き合う大人ではなく、子どもと同じ視線で生活をする子どもでもなく、地域社会のなかでそれぞれの生活に向かって生きている大人だからでしょう。幼児期の子どもにとって、そんな地域の大人の存在は新たな刺激となるに違いありません。

田中らは、地域の大人と関わることのできるお店に着目し、その場所が地域の多様な人々や情報などが集まる「地域の交差点」になるとともに、その人々の背後に広がる世界を子どもが垣間見ることができるような「別の世界の覗き穴」としての役割を果たすと表現しました(3)。

つまり、子どもにとって未知で不思議な「地域の大人」は、新たな刺激になるとともに、子どもの世界を広げてくれる貴重な存在なのです。だからこそ保育者は、そのような「地域」や「地域の大人」との出会いを、環境として、いかに自然に設えることができるのかが重要だといえるのではないでしょうか。

さて、ここまでは、「子どもにとっての地域」について考えてきましたが、ここで視点を変えて、「地域にとっての子ども」について、ワークを通して考えてみましょう。

(3) 田中康裕・鈴木毅・木多道宏「社会的環境としてみた『お店』に関する考察」こども環境学研究 1(1) 2005、pp.137-146.

ワーク1

【準備】新聞紙を2部使ってワークを行います。1部は「全国紙」を、もう1部は「地方紙」を用意します。「地方紙」とは、ある一地方だけで配布されている新聞のことです。ローカル新聞やタウンペーパーでも構いません。

【手順】各新聞紙のなかで、「子ども」に関する新聞記事を、できるかぎりピックアップします。「全国紙」では、「子ども」はどのように取り上げられているでしょうか。一方「地方紙」では、「子ども」はどのように取り上げられているでしょうか。その違いについて考えてみましょう。

そもそも「子ども」に着目して新聞紙を眺めると、現代の子どもを取り巻く状況が大まかにつかめるかと思います。そのうえで、「全国紙」と「地方紙」での子どもの取り上げられ方に着目すると、興味深いことに気づきます。

「全国紙」において、「子ども」はどのように登場するでしょうか。おそらく、子どもを巻き込む事件や事故、虐待、貧困、病気、アレルギー、発達障害などに関連する記事が多く見受けられると思います。このように「全国紙」では、子どもが「問題の要素のひとつ」として取り上げられることが多いのではないでしょうか。一方、「地方紙」に目を向けると、ある園の園児たちの活躍の様子や、ある大会で入賞した子どもの紹介、かわいらしい赤ちゃんの顔写真などが記事に並びます。このように「地方紙」では、子どもが地域の「宝物」として取り上げられることが多いことに気づきます。地域にとっては、「子ども」は貴重な宝物で、守るべき存在なのです。

近年は、子どもを巻き込む事件や事故も相俟って、子どもにとっての「地域」は危険な場所として認識される傾向があります。では、「地域」は子どもから遠ざけたほうがいいのでしょうか。そんなことはないはずです。上述の通り、「地域」や「地域の大人」は、子どもにとって貴重な経験をもたらしてくれます。そして地域も、失われつつある地域コミュニティの力を再活性化していくために、「子ども」の存在を求めています。

保育者も、子どもたちと園外に出ていくことは、「危ないから」「大変だから」という理由で遠ざけてしまいがちです。しかし、そうしてしまうと、子どもに開かれた可能性を奪ってしまいかねません。予測される危険に対して、可能なかぎりリスクマネジメントしておけば、地域での子どもの体験をいかようにも豊かにすることができるはずです。実際、魅力的な園であればあるほど、それらの地域資源を最大限に有効活用していることにも気づきます。そのことによって、地域に子どもの声が響き渡れば、それは地域活性化の一助にもなるはずです。そのためにも、まず保育者自身が率先して、地域の大人と繋がり、地域に愛着をもって関わっていくことが必要不可欠です。保育者が園と地域の橋渡し役となることで、園と地域とが手を取り合い、子どもたちにとって魅力的な環境を面として保障していくことが、これからますます重要になっていくでしょう。

2　伝統的な行事との出会い

　では、子どもたちは地域環境とどのように出会うことになるのでしょうか。この節では、その代表例として、日本の文化や地域の文化が凝縮されている「伝統行事」に着目してみたいと思います。

ワーク2

　みなさんが主に幼児期に体験した「伝統行事」を思い出し、年間スケジュールにまとめましょう（年中行事や季節行事などを含みます）。その際、それらの伝統行事が何を目的に行われ、どのようなことをして過ごしていたかについても書き添えます。資料ができたら、お互いの「伝統行事」を紹介し合いましょう。

　たとえば1月はお正月の季節。新たな年を祝い、ご先祖様を供養するときでもあります。お正月に向けてお餅つきをしたり、福笑いや凧揚げなどの正月遊びを楽しんだり、七草粥を食べたりした思い出はないでしょうか。

　3月にはひな祭り、5月には端午の節句。子どもの育ちを祝うとともに、厄除けやこれからの健やかな育ちへの願いも込められています。家庭や園で、折り紙などを使ってひな人形やこいのぼりをつくった記憶もあるのではないかと思います。

　7〜8月には、夏祭りや盆踊りなど、各地域ならではの伝統行事が行われていたことと思います。先祖の供養や豊作祈願など、その地域ならではの思いがあるに違いありません。

　10月ごろにも、地域ごとの秋祭りが行われていることも多いのではないでしょうか。収穫や豊漁の喜びを、地域のみんなでお祝いする、そんな文化が根づいていたのではないでしょうか。お祭りのなかで、歌や踊りを披露した経験がある人もいたかと思います。

　もちろん、今紹介した行事は一部でしかありませんし、地域や文化によって違いはありますが、いずれにしても、年間を通してじつに多くの伝統行事が行われていることが確認できたと思います。そのような伝統行事に対して、当然子どもたちは興味津々です。

保育所保育指針第2章解説の領域「環境」の内容に関する文章中には、「秋の収穫に感謝する祭り、節句、正月を迎える行事などの四季折々の地域や家庭の伝統的な行事に触れる機会をもつことも大切である (4)」、そして「子どもが、日常生活の中で我が国や地域社会におけるさまざまな文化や伝統に触れ、長い歴史の中で育んできた文化や伝統の豊かさに気付くことは大切なことである (5)」と記されています。ここに「伝統行事」の存在価値が見て取れます。また、その内容の取扱いに関して、「生活の中で、子どもが正月の餅つきや七夕の飾り付けなど、四季折々に行われる我が国の伝統的な行事に参加したり、国歌を聞いたりして自然に親しみを感じるようになったり、古くから親しまれてきた唱歌、わらべうたの楽しさを味わったり、こま回しや凧揚げなど我が国の伝統的な遊びをしたり、さまざまな国や地域の食に触れるなど異なる文化に触れることを通じて、文化や伝統に親しみをもつようになる (6)」と記載されており、伝統行事や地域の文化を積極的に保育に取り入れていくことの大切さも示されています。

　そもそも、子どもたちが伝統行事に触れることには、どのような意味があるでしょうか。代表的なものを紹介したいと思います。

　まず考えられるのは、伝統行事が子どもの生活に変化や潤いを与えるという点です。たとえば、節分の豆まきを通じて季節を感じることもあれば、お月見の日が待ち遠しくて心を躍らせることもあるでしょう。日常生活のなかに、歴史の重みと躍動感のある伝統行事が持ち込まれることで、子どもの生活に変化と潤いが与えられることは想像に難くありません。

　次に、伝統行事の体験を生活や遊びに取り入れることができるという点です。たとえば、お正月に体験した福笑いや凧揚げといった昔遊びを日常の園生活でも行うという直接的なものもあれば、盆踊りや秋祭りで見聞きした地域の大人の姿をおままごとに取り入れるといった間接的なものもあるでしょう。伝統行事を体験しただけで終わりではなく、子どもが主体的にその経験を生活や遊びに取り入れることで、日常がより豊かになるのです。

　最後に、伝統行事の経験が実践的な学びとして伝承されるという

(4) 厚生労働省「保育所保育指針解説」2018、第2章3(2)ウ　身近な環境との関わりに関する領域「環境」、pp.240-241.

(5) 厚生労働省「保育所保育指針解説」2018、第2章3(2)ウ　身近な環境との関わりに関する領域「環境」、p.243.

(6) 厚生労働省「保育所保育指針解説」2018、第2章3(2)ウ　身近な環境との関わりに関する領域「環境」、p.253.

点です。たとえば、筆者が住んでいた地域には「人形飾り」という伝統行事[*1]があるのですが、子どもたちが地域の家々の軒先にある箱庭に祭られたお地蔵さまに線香をあげる際に、そこで初めて「手の合わせ方」を地域の大人に学ぶという場面に何度か出くわしました。他にも、線香のあげ方やお地蔵さまの存在、箱庭の意味など、多くの実践的な学びがそこに散りばめられていることにも気づきます。もちろん、子どもは頭で理解をして形式的に学んでいるというわけではありません。伝統行事の営みのなかから身体を通して実践的に体得していくといった感じでしょう。ちなみに、伝統行事には、子どもの健やかな育ちや地域の繁栄に向けて、地域の人々の願いが込められています。その願いを引き受けていくことも、長い人生をかけて、子どもたちが実践的に学んでいくことなのかもしれません。

補足

[*1] 福岡市東区箱崎周辺で、7月23日・24日に行われている伝統行事。子どもの地蔵祭りの一種で、子どもたちの無病息災を祈って、地域の家々の軒先に箱庭が設けられ、そこにお地蔵さまや人形を飾る習わしがある。子どもたちは線香を片手に家々を回り、線香をあげると、お礼にお菓子がもらえることもある。

写真3　人形飾りの様子　　写真4　お地蔵さまに手を合わせる

　では、子どもと伝統行事との出会いにおいて、保育者には何ができるのでしょうか。

　1つ目は、「伝統行事に子どもたちと出かける」ことです。思いきって地域に飛び出して、夏祭りや秋の収穫祭といった「伝統行事」に子どもたちとともに参加するという関わり方です。時期や時間帯によってかなわないものもありますが、子どもたちにとっては、本物に触れ、地域の文化を肌で感じるという貴重な経験ができる機会となります。その際、その行事のキーパーソンと繋がり、綿密な打ち合わせをしておくことが大切です。打ち合わせ次第では、子どもたちが行事のなかで太鼓を叩くなどの重要な役割を担ったり、舞台で歌や踊りを発表したりする機会を得ることもあるかもしれません。

いずれにしても、保育者の丁寧な下準備があってこそ、子どもたちが安全・安心に、地域の伝統行事を直接的に経験することができるのです。

2つ目は、「伝統行事を園内に取り入れる」ことです。いつも園外の伝統行事の場に出かけるわけにもいきません。現実的な方法は、園を舞台に子どもが伝統行事と出会うという形でしょう。たとえば伝統行事に関わるキーパーソンを園に招き、盆踊りの踊り方や太鼓の叩き方を見せてもらうことが挙げられます。また、「地域の公民館で夏祭りの準備をしていたよ」、「木の葉の色づいていたね、もうすぐ秋祭りだね」など、保育者が見聞きしたことを伝えることで伝統行事の情報を園内に取り込むこともできます。あるいはしめ縄飾りをつくったり、地域の夜市を園内でのお店屋さんごっこの形式で大々的に開催したりと、園独自の行事を開催するという方法もあります。園の独自性や保育色を加えることで、その伝統行事は子どもたちにとってより身近な存在になるはずです。

3つ目は、「日常の園生活のなかでも伝統行事の雰囲気を感じ取れるようにする」ことです。日常と行事の連続性をもたせるためにも、日常のなかでの保育者の雰囲気づくりが欠かせません。たとえば、七夕に合わせた壁面づくりや歌の選曲などの環境構成を工夫することで、子どもたちのワクワク感や特別感を演出することもできます。あるいは、子どもが七五三に対して興味をもって発する言葉に、共感的な応答をしたり、その期待をクラス全体で共有したりすることで、当日が近づくにつれて高揚感を高めていくこともできるでしょう。日常のささやかな雰囲気づくりが、伝統行事の価値を増すことに繋がるのです。

このように、伝統行事に関して保育者ができることをまとめてきましたが、これらが充実するためには、保育者自身が、それぞれの伝統行事の意義をきちんと知っておくことが重要でしょう。そうすることで、「伝統行事」は形骸化することなく、子どもにとって価値のある社会環境として存在し続けるはずです。

3　地域のなかにある小学校と園との連携

　ここまで、地域という社会環境に焦点を当ててきましたが、最後に、その地域のなかにある小学校と園との連携について考えてみたいと思います。

ワーク3

　小学校時代を思い出し、「当時のあなたの家と小学校を含む地図」を描いてみましょう。通学路を示すイメージで描いてみるといいかもしれません。

　地図を描きながら、「ここに友だちの家があった」や「この公園が当時の遊び場だった」、「ここに野良犬が住み着いていた」、「ここに駄菓子屋があったが、今はマンションになっている」、「ここに自分が通っていた園がある」など、当時の思い出についても、地図の上に落とし込んでみましょう。絵でも構いません。地図が描き終わったら、お互いの地図を見せ合ってみましょう。相手に紹介をすることで、当時の記憶がさらに鮮明に思い出されることと思います。

　このワークで描かれた地図には、みなさんの小学生時代の世界が映し出されています。思い出も描き加えられたことで、当時の「地域」が立体的に浮かび上がってきたのではないでしょうか。

　みなさんの家も、園も、学校も、あるいは思い入れのある場所も、「地域」という広い舞台の上に存在する場の一つです。子どもの育ちを考える際には、「家庭は家庭、園は園、小学校は小学校、地域は地域」というように、子どもが過ごす場ごとに子どもの育ちを分断して捉えるのではなく、地域が舞台としてそれらの場を下支えし、そのなかで子どもが育つと捉える視点が大切です。言い換えれば、子どもにとっての園も、子どもにとっての小学校も、地域に存在する重要な社会環境の一つなのです。そして、子どもを中心に据え、豊かな環境のなかで子どもが主体的に育つ姿を縦断的に支えていくことが、私たち子どもに関わる大人の役割なのではないでしょうか。

6章　社会の事象──地域の文化や伝統行事を楽しむ

　このように考えると、地域という舞台のなかで、縦断的な子どもの育ちを支えていくためには、園と小学校との連携が必要不可欠です。保育所保育指針第2章4(2)の「小学校との連携」においても、「子どもは保育所から小学校に移行していく中で、突然違った存在になるわけではない。発達や学びは連続しており、保育所から小学校への移行を円滑にする必要がある(7)」と記されており、園と小学校との円滑な接続の重要性が指摘されています。

　具体的には、保育者と小学校教師との連携が重要になってくるでしょう。その意味では、前述の「幼児期の終わりまでに育ってほしい姿」が示されたことは、その接点を与えてくれたように思います。もし、この「姿」を巡って、保育者側と小学校教師との間で責任の押しつけ合いになるようなことがあれば、本末転倒です。保育所保育指針第1章総則にも、「保育所と小学校では、子どもの生活や教育の方法が異なっているため、『幼児期の終わりまでに育ってほしい姿』からイメージする子どもの姿にも違いが生じることがあるが、保育士等と小学校教師が話し合いながら、子どもの姿を共有できるようにすることが大切である(8)」と記されており、そこでのトラブルに警鐘を鳴らしつつも、それを乗り越える術を示しています。お互いの専門的な視点を学び合うことは、子どもの縦断的な育ちを支えるだけでなく、多様な子ども観に触れることで自らの専門性をさらに高めていく機会にもなるはずです。

　保育所保育指針第2章4(2)には、「さらに、円滑な接続のためには、保育所と小学校の子ども同士の交流の機会を設け、連携を図ることが大切である(9)」とも記されています。たとえば幼児が小学校の活動に参加し、交流を深めることは、小学校就学への期待を高め、不安を和らげることになるでしょう。上述の保育者と小学校教師の連携に関しても、まずはこのような機会を通して子どもの姿を語り合うことから始めてみてもよいかもしれません。

　このように、地域という社会環境のなかで、子どもの育ちを面として、かつ縦断的に支えていく視点を、大切にし続けてください。

　　　　　　　　　　　　　　　　　　　　　　　　（山下智也）

(7) 厚生労働省「保育所保育指針解説」2018、第2章4(2) 小学校との連携、p.296.

(8) 厚生労働省「保育所保育指針解説」2018、第1章4(2) 幼児期の終わりまでに育ってほしい姿、p.74.

(9) 厚生労働省「保育所保育指針解説」2018、第2章4(2) 小学校との連携、p.299.

7章 環境を探究するプロジェクト
―― 多様なものの見方や好奇心・探究心を育む ――

> **POINT**
> ・子どもは体全体で感じながら環境と「出会い」、世界と「出会って」いる。
> ・子どもの発見や気づきに共感し、クラスの仲間と共有していくことで、自分たちと環境とのあいだの探究プロジェクトが生まれる。
> ・造形、歌、音楽、言葉、踊りや劇などさまざまなアートの表現を用いることで探究が深まる。
> ・ねらい、目的、みんなで同じことをするのに囚われず子どもと一緒にじっくり触れたり、感じたり、話しをする時間を大切にすることが重要である。

1 多様な感性を生かした環境の探究

　保育の現場は子どもを育むすべての土台となる重要な役割をもっています。子どもは毎日友だちや保育者とともに園環境のなかでさまざまな遊びや体験をして過ごします。公園への散歩や地域への遠足などでは地域全体が保育の環境となり、人や物や自然との関わりのなかでさまざまな体験をしながら育っていきます。季節の変化のなかで草花や虫、木々の葉の色づきと出会い、鳥の鳴き声を聞くこともあるでしょう。晴れた日差しの暖かい日もあれば、冷たい雨や雪が降る日もあります。季節に合わせて衣服や部屋のしつらいも変わり、節句などの歳時に食べる料理にも地域の特色がみられます。子どもは暮らしのなかで心とからだ全体で環境を感じとり、体験のすべてによって心とからだと感性を育んでいくのです（写真1、2）。

 補足

*1 済生会松山乳児保育園では、遊びや食をとおして感覚を豊かに育む生活づくりを園と家庭が連携して取り組んでいる。写真は夏の園庭での水遊びの様子。「うわあっ、つめたい！」とこの時期ならではの体験をさせたい。

写真1　夏に園庭で水の冷たさを楽しむ[*1]

写真2　鯛をほぐしてもらって食べる[*2]

7章　環境を探究するプロジェクト――多様なものの見方や好奇心・探究心を育む

乳児は生まれてすぐに環境のなかで探究を始めます。周囲の音や光、匂い、頬や手に触れる感覚、養育者に抱かれた感覚、周囲の声のトーンなどから多くの情報を得ています。「視覚（見る・観る）」「聴覚（聞く・聴く）」「臭覚（嗅ぐ・臭う）」「味覚（味わう）」「触覚（さわる・ふれる）」*3といった五感だけでなく、からだ全体の感覚で「感じる」ことが乳児にとっての環境の探究であり、世界との「出会い」なのです。

現代の子どもの生育環境は昔に比べて直接体験がどうしても不足しがちです。保育では五感をはじめさまざまな感覚体験を働かせ、生身の身体性を目覚めさせ、感覚を敏感にしていくことが大切です。それによって目に入るもの出会ったものから面白さや不思議さを感じ取れるようになり、感性が豊かになります。もちろんそこに反応してくれる保育者がいることが重要です。共感し応答してくれる人の存在があることで、表現もより豊かになっていくのです。

大好きな保育者に抱っこされながら聞く歌に心地よさを感じることもあれば、周囲の激しい音に不安になることもあるでしょう。食べ物のいい香りは食欲をかきたて、腐ったツンと鼻を突く匂いは危険を知らせてくれます。感覚による探究は心地よいものばかりではなく、不快なものや危険なものを感じ取り、学んでいく役割があります*4。花壇の花に顔をうずめて心地よさそうに花々の匂いを楽しんでいる子どもの姿や、園庭の隅に見つけたサラ砂をいじっている姿、写真3では園庭に用意された赤土の粘土場で、土と水の「ぐにゃり」「ひんやり」とした感覚を足裏で楽しんでいる姿がみられます。

ではこうしたとき、子どもは環境や事象と、そして世界とどのように出会っているのでしょうか。大人は実際に見なくても知識や経験として知っていることがたくさんあるため、子どもの新鮮な体験や発見に共感できにくい場合があります。ですから「見てみよう」「聞いてみよう」「触ってみよう」と意識していく必要があります。すると頭でわかったつもりでいたものでも新鮮な感覚で感じ取ることができ、声にならない子どもの感覚や探究に共感し、寄り添うことができるようになります。子どもが何を感じているのかが見えてくるようになりますから、豊かな体験を保障するための環境づくりを

*2 済生会松山乳児保育園での昼食の様子。この日は地元の港で水揚げされた瀬戸内海の鯛がテーブルに。保育者に箸でとりわけてもらって味わう。食べることは感じること。毎日の食事を大切にしたい。

補足

*3,4 子どもは日々どんなことを感じながら生活しているのだろうか。「環境」だけでなく「表現」の視点からも考えてみよう。（横山洋子「諸感覚を通しての感性と表現」平田智久・砂山史子・小林法子編『保育内容表現』ミネルヴァ書房　2010、pp.63-79.）

どのように工夫していけばよいかが具体的にイメージできるようになります。

写真3　園庭に用意した赤土の粘土場で土と水の感触を楽しむ様子*5

ワーク1

学校内や周辺を30分程歩きます。途中で自分の感覚にとまったもの、ふと目を向けたもの、気になったものを写真に撮ります。そこから3点選び、写真のエピソードや散歩の紹介を行います。2〜3人のグループでもやってみましょう。どんな感覚や視点で何を捉えたのか話し合ってみましょう。

2　プロジェクト保育と好奇心・探究心

園内にある遊具や教具、樹木や植物など、1年間の四季の変化は、保育計画とも関連しており、近隣の自然環境や社会環境も保育のなかに意図的・計画的に位置づけられています。環境との出会いをどのように具体的な保育の取り組みとして計画し、体験や気づきが深まる活動として展開していけばよいのでしょうか。

そこで近年注目されているのが、日々の保育のなかで生まれる子どもの体験や発見をもとに活動をデザインし、子どもの好奇心の深まりによって探究的な活動を広げていく「プロジェクト保育*6」の考え方です。保育者が予め立てた計画に沿って保育を主導するやり方とは異なり、子どもの興味関心や主体性を十分に生かしながら、

　補　足

*5 済生会松山乳児保育園での園庭の様子。住宅地にある同園では土粘土などの可塑性の高い自然素材や、いろいろな形の木を用意しています。乳幼児期だからこそからだ全体で味わい遊び込める教材や環境を準備したい。

直接体験が少ないといわれた時代に育った子どもたちが保育者になる時代である。保育を学び、子どもにとっての環境づくりを考える体験は、同時に自分自身の生活体験を豊かにする学びのチャンスでもある。写真にあるような土粘土なども自身のからだを使って体験してほしい。

　補　足

*6 プロジェクト保育については以下の書籍が詳しい。
リリアン・G・カッツ、シルビア・C・チャード著・小田豊監修『子どもの心といきいきと関わりあう－プロジェクト・アプローチ』光生館　2004.

仲間との遊びや発見、表現による思考や探究の共有を通して、協同的に体験を深めていく保育のアプローチです。

代表的なものとしてイタリアのレッジョ・エミリア*7市の乳幼児教育における取り組みが知られています。2000年代に日本でも紹介され、現在では各地の園で取り組まれています。プロジェクト保育を研究するカッツ(1)によれば、プロジェクト活動とは、ある特定のトピックについて掘り下げて研究する幼児のグループ活動とされます。幼児が身のまわりの環境の中で体験し、興味関心をもった出来事や事象について、探究を通して豊かな意味を生み出していく活動であり、仲間との協同や保育者との相談を通して、何を学ぶか自分たちで決断し、主体的に学びを生み出していくカリキュラムの考え方だとされます。

カッツはレッジョの「スーパーマーケットではどんなことがおこるの」「家はどのようにたてられるの」など、身近なトピックの探究を例にあげ、直接観察すること、トピックに関連する関係者や専門家に質問すること、関連する作品などの収集、観察したこと、思いついたこと、感じたこと、想像したことや新しくわかったことなどを、劇遊びを含むさまざまな方法で発表することを、プロジェクトの方法として示しています。日常の子どもの素朴な発見や疑問、興味関心から出発し、言葉や造形に現れた子どもの見方・考え方を基に、絵や粘土、紙などの素材による造形や、歌や音楽、言葉や絵本、ダンスなどの身体表現活動を組み合わせながら、子ども同士や保育者との話し合い、絵や写真や言葉によって記録したドキュメンテーションの記録（8章を参照）なども活用しながら、柔軟かつ創造的にプロジェクトが立ち上がり、広がり、深まっていくのです。

近年は国内の保育園で行われたプロジェクト保育(2)の例を磯部錦司らが詳細に説明しています。赤碕こども園では、子どもたちの海や海の生物に対する興味から発展した川プロジェクト、カッパ（河童）の探究ではカッパはお化けか、動物かという問いが生まれ、図書館で調べ、カッパを探し、造形でカッパの世界が表現され、劇や絵本にも発展したといいます。学芸の森保育園では「忍者」が探究のテーマとなった年がありました。大学と園との連携活動に取り組

補足

*7 レッジョ・エミリアの幼児教育の参考として以下がある。
エドワーズ他編（佐藤学・森真理・塚田美紀訳）『子どもたちの100の言葉－レッジョ・エミリアの幼児教育』世織書房　2001.
佐藤学監修・ワタリウム美術館編『驚くべき学びの世界』株式会社ACCESS　2011.

(1) リリアン・G・カッツ「レッジョ・エミリアから何を学ぶか」エドワーズ他編　2001、pp.37-65.

(2) 国内のプロジェクト保育については以下が事例も豊富で参考になる。
磯部錦司・福田泰雅著『保育のなかのアート－プロジェクト・アプローチの実践から』小学館　2015.

む学生らはこれまでの忍者の探究についてクラス担任と情報共有し、その延長上に紙粘土の忍者づくり（写真4）や巻物づくり、ダンボールのお城づくり（写真5）で子どもたちと活動に取り組みしました。子どもたちは一連の活動を自分たちの価値あるプロジェクトと捉えており、温泉や隠し部屋など湧き出るアイディアをふんだんに生かして「自分たちのお城」をつくり上げました。プロジェクトの探究活動の進展に伴って、園内の環境が忍者の世界に変わっていきました。

自然とアートを融合させたプロジェクトを進める海外事例もみてみましょう。オーストラリアのメルボルン大学附属アーリーラーニングセンター(3)では、植物についての探究的な保育のなかで、さまざまな種類の種（写真6）を調

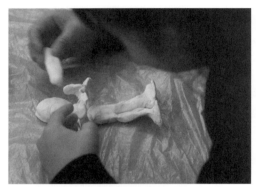

写真4　自分の分身の忍者を作る*8

写真5　城ができて遊びも環境も変化する*9

べたり、種から育てた栽培中の野菜を注意深く見て描いたり（写真7）、種の気持ちを想像して詩のように言葉で表したりしながら、植物の多様な姿を探っていきます。

園のそばを流れるヤラ川の探究では、散策をしたり、調べたり、描いたり、川をきれいにしようというポスターを作って地域に掲示したり、歌やダンスの身体表現で川の気持を考える活動も遊びのなかで行われました（写真8）。探究過程での発見や気づき、アイディアの変化などは保育者によって言葉や写真で記録やマップにされ

補足

特定非営利活動法人東京学芸大 学芸の森保育園での実践については下記を参照。

笠原広一、真木千壽子、鉄矢悦朗、小室明久、塚本万里「造形活動を通した子ども理解の共有化に向けた基礎的知見の産出：学芸の森保育園での連携造形活動と作品展の保育者と保護者のアンケート分析から」『東京学芸大学紀要 芸術・スポーツ科学系』70、2018、pp.65-81.

*8 お城に住む自分たちの分身忍者をつくる様子。

*9 一般的な城のイメージとは異なるが、子どもたちのアイディアがつまったさまざまな遊び方ができる。「自分たちの城」であることを大事にしたい。

(3) 笠原広一「芸術による統合的な自然体験と学習の取り組み：メルボルン大学アーリーラーニングセンター」笠原広一・山本一成・坂倉真衣編「芸術を媒介とした統合的な自然体験を基礎とする幼児

7章　環境を探究するプロジェクト―多様なものの見方や好奇心・探究心を育む

写真6　さまざまな種が机に並べられている

写真7　触れたり、描くことで注意深く野菜を知る

写真8　川の流れ、水が滝になって落ちるイメージを身体で表す

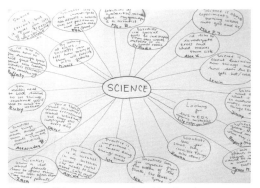
写真9　「サイエンスってなんだろう？」のテーマで話した例

（写真9）、話し合いやプロジェクトの展開を相談するときに用いられます。こうした多様な感性的な体験や感じ取り方、アートを活用した探究の方法はアート・ベイスト・アプローチと呼ばれています。

　これら探究の過程での制作物は、絵やカード（写真10）によって壁面に美しく配置され（写真11）、探究の進行状況を可視化する記録や話し合いの材料になり、プロジェクトが展開する次の探究の方向性を見つけ出していく手がかりになります。そして何より保育室を子どもたちの感性やものの見方、表現によって美的な空間につくり変えているのです。子どもたちの価値あるプロジェクト保育の実践とともに、保育室や壁面の使い方を見直してみてもよいでしょう。

　このような子どもの自由で主体的な環境の感じ方や捉え方をもとにした表現や、仲間との協同的な深い探究を生み出す保育において、保育者が大切にしなければならないことはなんでしょうか。カッツ(4)はそこで「平等」の在り方について考えることが重要だとい

教育実践体系の構築」『科学研究費補助金研究成果報告書』（課題番号 26381083）pp.62-66.

(4) カッツのプロジェクト保育における平等については以下を参考。リリアン・G・カッツ「レッジョ・エミリアから何を学ぶか」エドワーズ他編　2001、p.47.

75

写真10 大地を探究するプロジェクトではクリスタルをデザイン

写真11 壁面に美しく展示された絵

います。平等というと、一人ひとりの気持ちや様子、個別の事情とは別に、ルールのように一律全員に適用するものだと考えがちです。しかし、そこからは子どもの主体的で自由な発想や発展は生まれません。

　ここでいう平等とは、表面的な平等や均等、見た目の結果を同じにすることではありません。子ども個々の希望や状況に合せてそれぞれが納得できる方法をとることであり、一人ひとりの興味や関心を大切にすることによって一人ひとりが深く学び、異なる意見を伝え合い、互いに学び合うことを可能にする姿勢なのです。

　「均等」や「均質」、全員で同じことをするという考えから離れることで、意見の違いをお互いに表明し合いながら調整し、協同することができ、多様性を生かし合う保育や生き方、社会の実現が可能になります。プロジェクト保育が育もうとしているのは、そうした子どもの育ちであり、力であり、社会だといえます。

ワーク 2

　生活環境のなかで出会ったもの、気になったものを1つ選び、テーブルに置きます。それを触ったり嗅いだり、さまざまな感覚で探索しながら画用紙にスケッチしたり、紙粘土で形に表して着彩したりします。次にそれを囲んで仲間と触った感じや関連するエピソードなどを話し、関連する物や道具、資料や情報を集めてテーブルに並べます。次第にさまざまな情報や体験などがつながり、机の上にあ

るものが増え、探究が立体的になっていきます。それらをクラスで発表し、そこからどんな保育が生まれるかを考えます。

3 アートと保育

　ここまで五感やからだ全体を使った探究、生活体験に根ざしたプロジェクト保育についてみてきました。体験を深く感じ、その不思議さについて考えたり、表現を通して共有しながら体験そのものを深めたりしていくことが重要であり、そこにアートが大きな役割を担うこともみえてきました。

　人間には論理的で合理的に物事を考える理性があります。一方で感覚や直感、気持ちや雰囲気といった感性で捉えるのも私たちの感じ方や考え方です。どちらも行動に影響しています。好きな食べ物や好みの色、心地よい音楽や好きな歌、美しい風景を見てきれいだと感じたり、「何となく」としか言えないけれど好きなことなど、私たちの行動には感覚的なものが多分に含まれています。それらは気持ちや人格の深いところとつながっています。アートや感性ときくと、領域「表現」の造形のことだと思いがちですが、感性や表現、アートは日々の生活全体に絶えず作用しているものなのです。

　平田智久は感性の働きを、「感じて」「考えて」「行動する」ことの内的循環と説明しています (5)。子どもは出会ったものに何かを感じ、「これは何だろう」「不思議だな」「面白いな」「どうしてそうなのだろう」と考えます。その気持ちを声や言葉、身振り、絵や工作などで表し、仲間と分かち合います。「ねえ、こっちにきれいな色の葉っぱがあるよ！」「集めてみよう！」といって保育室に葉っぱを持ち帰って画用紙に貼り、保育士や仲間と「きれい」を共有します。明日はみんなで落ち葉探しにいくことになるかもしれません。誰かの感じる心が捉えたものが形となり、他者と共有され広がっていくのです。それは絵や粘土、工作でも同様です。感性はそうした一連の感受認識のプロセス全体を指す営みなのです。

　表現とは意志のある「表」と、内的変化が無意識のうちに現れる「現」との組み合わせだと平田は言います。「これを見て欲しい」「話

(5) 平田智久・小林紀子・砂上史子著『保育内容表現』ミネルヴァ書房　2010.

したい」「描きたい」と思って行う行動は「表」ですし、その日の体調や気持ちが言葉や行動の端々に現れるのが「現」です。乳幼児は自分の気持ちやからだの状態をうまく言葉で言い表すことができないことも多いため、自ずと現れ出ている気持ちを感じ取ることが重要です。絵を描くことは「表」ですが、友だちと一緒に描くことを楽しむその姿には喜びや嬉しさが「現」れているのです（写真12）。

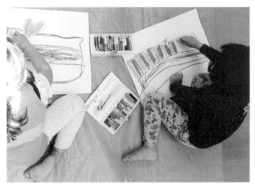

写真12　友だちと並んで絵を描くことに嬉しさが現れ出ている*10

> 補足
> *10 学芸の森保育園での「クレヨンでの描画」
>
> (6) 子ども美術文化研究会編『子どもが生み出す絵と造形－子ども文化は美術文化』エイデル研究所　2012.

　遊びの材料についても、水、砂、土、粘土、木、石、動植物などの自然素材に触れる遊びを大切にして取り組んでいる園によれば、そうした体験による子どもの心身の解放と育ちは描画にも現れるといいます(6)。自然環境や自然素材に触れる遊びとアートのあいだには感性をベースにした深いつながりがあるのです（写真13、14、15、16）。

　では、環境のなかで多様な感性を生かした探究を行い、多様なものの見方や好奇心、探究心を育む保育が目指すものとは何なのでしょうか。それは人生のさまざまな場所や環境のなかで自分のからだと感覚でしっかりとものごとを感じ取り、多様な視点で考え、表現しながら、課題を解決し、他者や自然と共生しながらよりよく生きていくための基盤となる経験を生み出すことではないでしょうか。そこには理性的な思考力はもちろん、日々の感性的な働きが大きく関わっています。本章が環境を感性やアートとともに考える理由がそこにあります。

　保育者は保育内容「環境」に固有の知識と、それらをつなぐしなやかな感性で日々の保育に取り組んでいってほしいと思います。

*11、12 写真は大矢野あゆみ保育園での園庭での遊びの様子から。

7章　環境を探究するプロジェクト―多様なものの見方や好奇心・探究心を育む

写真13　園庭の起伏でごっこ遊び*11

写真14　1歳児も土の感触を楽しんでいる*12

写真15　からだ全体を使った自然素材での遊びの姿を記録した写真の展示*13

写真16　遊びの写真展示と合わせてその時期に描かれた絵も展示される*14

ワーク3

1つのトピックを設定してグループ毎に異なる表現素材や表現方法で表す活動を行ってみよう。たとえば共同での描画、絵本づくり、劇づくり、〇〇博物館づくり（ごっこ）など。

コラム

環境への感受性や共生の感覚を育むことが大切である。自然と文明の共存について東日本大震災は大きな課題を私たちに突きつけた。子どもが安心して遊べる場を提供するNPOなどの取り組みも各地で行われている。子どもが安心して遊べるという当たり前の環境を大人社会がいかに保障していけるのか。「子どもの専門家」として保育者が考えるべきこと、できることが多々あることを認識したい。

（笠原広一）

*13、14　まくらざき保育園、べっぷ里山こども園、おののもりこども園の合同作品展から。自然と触れ合い、からだ全体で素材と触れ合って遊び込むことで、心とからだの育ちが引き出され、それに伴って絵にも変化が見えてくる。作品展では絵に加え遊びの様子を記録した写真も展示し、それらを見ながら子どもの育ちについて話し合うギャラリートークを保護者や芸術家と行っている。

8章 環境に関わる体験の記録と評価

POINT

- 保育の記録は、子どもが主体的に環境に関わっている姿（遊び）と、そこにある学びを捉えることが重要である。
- 保育者の意図や計画は、子どもの遊びと学びが深まるために必要な関わりを導いたり、環境を再構成したりするために用いられる。
- 記録の客観性や評価を保育の質向上につなげるには対話が重要である。
- ドキュメンテーションなど、文章だけでなく写真・音声・動画を活用した記録は直観的で共有しやすく、対話を引き出しやすい記録様式である。

1 領域環境に関わるドキュメンテーションの事例

(1) ドキュメンテーションとは

　保育の現場で近年とくに注目されている記録の様式がドキュメンテーションです。

　ドキュメンテーションはイタリアのレッジョ・エミリア市発祥の幼児教育実践（レッジョ・エミリア・アプローチ[*1]）から広まった記録様式で、子どもが身近な物や人や出来事に主体的に関わる姿を文章・写真・音声・動画などで捉え、保護者・子ども・保育者と共有することを目的としています。

　従来の保育記録と大きく異なるのは、保育者間で共有し計画と実践の評価に用いることに留まらず、保護者とも共有し保育に興味をもってもらったり、子どもたちが自分や友だちの活動を振り返って遊びを継続したり、展開したり、連携したりすることにも活用できる点です。これは、レッジョ・エミリア・アプローチが教育を「子ども・教師・保護者」の三者間の関わりによって成り立つものと定義していることに由来します。

　また、活動の成果を報告するのではなく、子どもの気づきや試行錯誤や協働の過程を共有することを目的としている点で、従来のおたより・おしらせとも一線を画します。子どもが環境との関わりを通じて、感じたり、わかったり、できるようになったりしたことを用いて、考えたり、試したり、表現したりすることを読みやすくま

補足

[*1] レッジョ・エミリア・アプローチについて詳しく学びたい場合は、以下の書籍が参考になる。
レッジョ・チルドレン著・ワタリウム美術館編『レッジョ・エミリアの幼児教育実践記録 子どもたちの100の言葉』日東書院　2012.

8章　環境にかかわる体験の記録と評価

とめるものなので、今回の指針・要領などの改訂（改定）の目的にも合致していることも、注目を集めている理由のひとつです。

手法や目的が近い、類似の記録様式としてラーニング・ストーリー*2やポートフォリオがあります。

- ドキュメンテーションとは…子どもの活動の過程を共有するための記録
- 共有する対象…保護者・子ども・保育者
- 共有する内容…子どもたちの主体的な活動の過程
- 共有の手法…文章・写真・音声・動画など
- 共有の目的
  - 保護者…園での生活や遊びを通じて、子どもたちが何を体験し、そこから何を学んでいるのかを知ることで、保育に興味をもち、理念に共感する。保育への当事者性の確立。
  - 子ども…自分や友だちの遊びを振り返ることで、遊びを継続したり、伝承したり、さらに面白くなるように展開したりするヒントにする。主体的・対話的で深い学びの実現。
  - 保育者…子どもの姿と保育者の関わり・環境設定を記録・共有し、保育計画および実践の評価に活用する。計画（P）・実践（D）・評価（C）・改善（A）サイクルの要所に活用することで、保育者の資質向上にも役立つ。質の向上と同僚性（互いを高め合う協働的な関係）の構築。

（2）体験の記録としてのドキュメンテーション

写真1は、野中こども園（静岡県富士宮市）で作成されたドキュメンテーション*3です。5月ごろ、園庭の桑の実が熟してくると、それを食べるために子どもたちはさまざまな挑戦や創意工夫をします。木登りの技術を習得するために黙々と挑戦を続ける子もいれば、木に登らずに桑の実を手に入れるためにはどうしたらいいかと試行錯誤したり、友だちと相談したり、創意工夫を重ねる子もいます。

また、小さな子のために年長者が実を取ってあげたり、安全な木登りの方法を教えたり、熟した実の見分け方を伝えたりするなどの

補足

*2 ラーニング・ストーリーはニュージーランドの保育実践で用いられている「対話型アセスメント」手法である。ニュージーランドの保育実践およびラーニング・ストーリーについて詳しく学びたい場合は、以下の書籍が参考になる。
マーガレット・カー著『保育の場で子どもの学びをアセスメントする』ひとなる書房 2013.

*3 野中こども園のドキュメンテーションは、ラーニング・ストーリーの「学びの構えの5領域」を視点の参考にしている。

学びの構えの5領域の概要は以下の通り。
①関心をもつ
②熱中する
③困難ややったことのないことに立ち向かう
④他者とコミュニケーションをはかる
⑤自ら責任を担う

異年齢交流も盛んに行われます。

写真1　子どもの主体的な活動を記録したドキュメンテーション

　身近な環境との関わりに関する領域「環境」の目的は、周囲のさまざまな環境に好奇心や探求心をもって関わり、それらを生活に取り入れていこうとする力を養うことです。そのため、子どもが身近な環境に関わって豊かな体験ができるように、意図的・計画的に環境を構成することが保育者の重要な役割になります。(1、2章参照)

　ここで重要なのは、保育者の意図と計画は保育者が活動を主導するためではなく、あくまで子ども主体の活動の過程に芽生えた学びを丁寧に育てるために存在するということです。したがって、保育の計画は、まず目の前の子どもの姿を観察し、記録し、そこにある

8章 環境にかかわる体験の記録と評価

学びと育ちを丁寧に読み取った後に立案されるものです。

しかし、子どもの実際の行動や発言は客観的に記録することはできても、思考や情動は推察するしかありません。その推察に客観性を与えるために必要なのが共有と対話です。子どもが遊びを通じて、感じたり、わかったり、考えたり、工夫したりしたことを推察し記録したものを基に、複数の視点で評価することで客観性を確保します。文章・写真・音声・動画を活用したドキュメンテーションは、直観的で実際の場面を想像しやすく、対話をひき起こしやすい記録様式ということができます。

ワーク1

次の写真の子どもたちは、この遊びを通じて、どんなことを感じたり、気づいたり、わかったり、できるようになったでしょうか。写真に写っている環境や子どもたちの表情・姿勢などから想像を膨らませて、なるべくたくさん書き出してみましょう。

写真2　5月の暖かな日、どろんこプールで楽しむ2人の男の子

子どもたちの表情や姿勢から、心も体も解放され非常にリラックスしていることが見て取れます。勢いよく泥に踏み込むたびに、泥の感触や温度を感じ、深くはまり込んでは泥の重たさや粘り気に気づくでしょう。乾いた塊とトロトロに緩んだ部分の違いから泥（土・

水）の性質の変化を理解したかもしれません。

　環境に関わる遊びと学びを展開させるための保育者の配慮の第一歩として、子どもが興味をもっていることに興味をもち、そこで子どもが感じたこと、気づいたことなどについて丁寧に読み取り、保育計画や環境設定に反映させることが大切です。

2　環境に関わる遊びと学びの展開の事例

　次のドキュメンテーションは野中こども園の3歳児によるお店屋さんごっこの展開の記録です。ごく短時間のうちにも1人の子どもの遊びが伝播し、新しいアイディアの流入を促して展開したり、別のよく似た遊びと合流していく様子がわかります。

　保育者は観察と並行して子どもたちと直接関わりますし、必要に応じて環境を再構成します。この場合も、ドキュメンテーションに記述はありませんが、必要になりそうな道具を準備したり、子どもたちのやりとりを助けたりしています。

写真3　子どもたちの遊びが変化しながら伝わり、拡がっていくプロセスを記録したドキュメンテーション

(1) ウェブ・マッピング

　子どもたちが主体的に環境に働きかける姿から学びの萌芽を読み

取り、さらに遊びが広がり、深まり、つながり、展開していくように、環境の再構成や計画の見直しを行ううえで有効な手法がウェブ・マッピングです。

ウェブ・マッピングはドキュメンテーションなどを基に、実際の行動や発言、環境構成から始まり、遊びを通じて子どもたちが何に気づいたり、何を考えたりしたのかを類推し、そうした遊びを通じた学びがさらに深まるように、保育者としてどんな援助や環境構成の工夫ができるかを導き出す作業です。複数の保育者が自由な発想を広げ、つなげていき、導き出した援助や工夫などを次の計画立案に活用します。

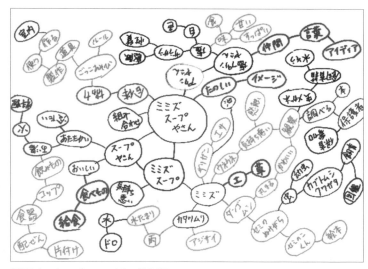

写真4　ウェブ・マッピングの例

●ウェブ・マッピングの視点の例
　・具体的な行動、環境構成、子どもや保育者の発言
　・子どもが何に感じたり、気づいたり、わかったり、できるようになったりしたのかの推測
　・子どもが何を考えたり、試したり、工夫したり、表現したりしたのかの推測
　・それらから類推した次の遊びの展開
　・その遊びに必要な保育者の配慮、環境構成

ミミズスープやさんのドキュメンテーションから、子どもたちが水・砂・土などの色・感触ほかの性質の変化や、虫の生態に興味を抱いていると読み取った保育者は、園内の池や草むらへ子どもたちを誘ったり、絵本コーナーに図鑑を配架するなどの計画を立てました。また、料理やごっこ遊びへの関心が広まり、深まるように、調理員との交流を計画したり、室内にもおみせやさんごっこができる設定を導入することにしました。

ワーク2

　次の写真から、これからこの子どもたちの遊びと学びが深まるように保育者として配慮すべきことを導く目的で、ウェブ・マッピングを描いてみましょう。写真に写っている環境や子どもたちの表情・姿勢などから想像を膨らませて、自由な発想で、なるべくたくさん書き出してみましょう。

写真5　保育士のマネをしてスノコを洗い始めた男の子と女の子

（中村章啓）

9章 子どもの遊びを支える環境

POINT
- 多様な体験と遊びの拠点ができる園庭環境をデザインする。
- 環境との出会いには保育者の肯定的な眼差しが不可欠。
- 道具の種類や配置によって、生まれる遊びが変わってくる。

1 園庭の環境構成と再構成の事例

(1) 園庭環境 – 遊び込める園庭へ

　山梨県にあるかほる保育園の以前までの園庭は、運動場のようなフラットな地面にブランコやすべり台といった固定遊具があるだけでした。当園の園長である筆者は、そのような園庭環境では子どもが自分で遊びを選択することや、何かに没頭するという経験の保障は難しいのではないかと考えるようになりました。

　かほる保育園では0歳から6歳までの年齢、発達の違う子どもたちが生活しています。そこで、子どもたちがそれぞれのペースで多様な経験ができる園庭『たからじま』を整備しました。

写真1　以前のかほる保育園園庭

写真2　環境整備後のかほる保育園園庭

園庭のデザインはそれぞれの園の置かれている地域性や園の理念が大きく反映されています。これが正しい園庭のモデルだというものはありません。子どもにこんなことを経験してほしいという保育者の願いを込めて園庭整備を行います。

　かほる保育園では、砂（砂場）・池（水場）・落葉樹や実のなる木（山場）を園庭に配置したことで多様な遊びの拠点が子どもによって創りだされています。

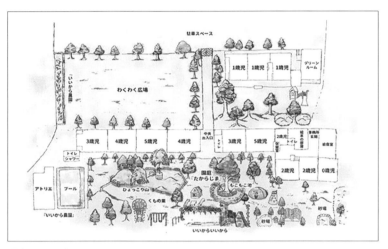

写真3　園内MAP

（2）砂　場

　園庭のなかには6か所の砂場があります。山砂・川砂などの砂質が異なる砂場を設置しています。0歳児用、1歳児用の砂場もあり、それぞれが遊びに没頭できるようにエリア分けしました。砂場では大きい子どもの川づくりや街づくりなどダイナミックに遊んでいる姿もみられます。

　保育者が砂場の近くにテーブルやいすを用意することにより、ままごとなどのごっこ遊びが広がりました。家の食卓に見立てたり、台所に見立てたり、作業台にしたりとさまざまな使い方をしています。

補　足

　その他の環境として運動や子どもの心の葛藤を生み出す遊具、疲れた時にほっと一息つける休憩スペース、心が動いた時にすぐに絵の描けるアートスペースがある。

　心の葛藤を生み出す遊具とは、たとえば2mのジャンプ台。「飛び降りたいけれど怖い。どうしよう」と40分近く悩んでいる子どももいた。自分で決断してジャンプした時の子どもの表情は自信に満ち溢れている。

9章　子どもの遊びを支える環境

写真4　園庭で遊ぶ5歳児の様子

写真5　園庭で遊ぶ1歳児の様子

写真6　園庭で遊ぶ2歳児の様子*1

📎 補足

*1 後ろに見えるウッドハウスやコンロなどを置くことにより子どもたちのイメージがより具体的になり、ごっこ遊びが深まる。

■ワーク1

　室外でのごっこ遊びを充実させる環境の工夫としてどのようなことが考えられるか、グループでデスカッションしてみましょう。

(3) 水　場

　水場は3か所設置しました。そのうちの2つは水を制限しないで使えるように井戸を掘り、つねに水が出ているようにしています。そこでは1年を通し水を使って遊ぶことができます。全身水だらけになる水遊びはもちろん、砂と水を混ぜて泥遊びをしたり、ごっこ遊びで使用したり、樹木や花、野菜などの水やりに使用したりと、さまざまな用途で水を使用しています。寒くなると水が凍りスケートごっこなどの冬ならではの遊びが展開されます。

写真7　水遊び①*²

写真8　水遊び②*³

写真9　水遊び③*⁴

(4) 山　場

　園庭にはひょっこり山*⁵という築山もあります。その周りにさまざまな落葉樹や実のなる木、花が咲く木が植えられています。雑草も刈り取らずにそのままにしています。木があることによりさまざまな種類の虫たちが集まってくるので、虫取り網を使って虫を捕まえ、虫の種類や何を食べるのかなどを図鑑で調べ飼育しています。図鑑も室内ではなく、外に置いておくことで子どもも気軽に捕まえた虫や咲いている草花、実っている実について調べることができます。

　季節ごとに変わっていく葉の様子にも気づき、砂場で作ったものに草花や枝で装飾している姿もみられます。草花は自由に摘めるようにし、子どもの良い遊びの素材となっています。あるときはお寿司のネタになったり、お店屋さんごっこのなかではお金になったりして遊びを充実させています。秋には紅葉を楽しんだり、落ち葉を

補足

*² 入園してからみんなの水遊びをじっとみていた園児が初めて水の中に足をいれ、吹き出す水をコントロールして楽しむ様子。

*³ 水を入れすぎると持てないことに気づき、何回も同じことを繰り返し試行錯誤する様子。（2歳児）

*⁴ 好きなときに水を汲める環境があることで植物のお世話も自分たちから進んでするようになった。水をやり過ぎて枯れることも。

*⁵ 子どもが園庭に親しみをもてるよう、保育者でワークショップをして場所や遊具に名前をつけた。

9章　子どもの遊びを支える環境

集めてベッドを作ったり、落ち葉シャワーをしたりとさまざまな体験をしています。落ち葉も同様に、掃除せずに、そのままにしておきます。

　実のなる木もあります。年長の子どもは保育者が食べごろを教えなくても、以前に食べた経験から食べごろを知っています。経験の少ない小さい子どもが実を食べようとすると年長の子どもが「まだ早いよ」と教えている姿もみられます。

　葉っぱや実は子どもにとっては魅力的な素材です。それを使って素敵な表現をしてくれます。すぐに壊すことなく大切な作品として飾ることのできる場所も必要です。

写真10　葉っぱでデコレーションしたケーキ

写真11　ブラックベリー収穫

写真12　落ち葉を使っておままごと

ワーク2

　子どもの多様な遊びを生み出す園庭とはどのようなものでしょうか。各自で園庭のデザインを描き、そこでどのような遊びが生まれるか説明してみましょう。

2 環境との出会いの事例

(1) 遊び道具の大切さ

　園庭の環境構成をすれば、子どもは自ら遊びを発見し保育者が想像もしないさまざまな遊びを生み出してくれます。しかし子どもがより深く環境と出会い、遊び込むためには探求できる時間の保障や、実験したり、何かを入れたり、運んだりする道具が不可欠です。

　砂場の近くに設置してある道具置き場では、車や動物など決まった型ではなく、丸や四角などのシンプルな型を置いています。

　ケーキになったり電車になったりと見立てて遊び、想像力を培います。ほかにもシャベルやさまざまな大きさのコップ、料理道具、たわし、ほうきなど、子どもが遊びの用途に応じて使える道具を用意しておくことが大切です。

補足

*6 子どもが自由に出し入れしやすいように棚を園庭に配置している。道具の数も子どもの遊びの様子で足すことも減らすこともある。

写真13　園庭の棚①*6

写真14　園庭の棚②*7

(2) 保育者の関わりの大切さ

　子どもがより環境に出会える要素として保育者の関わりは大きいと思います。私たち保育者は子どもが何に興味をもち、これからどういう発展が考えられるかを子どもの姿やつぶやきのなかから感じとり、想像しながら素材や道具を用意し配置します。

　写真15は、まだ経験の少ない新入園児の3歳児にお家ごっこがより豊かに展開されるように雰囲気をつくり、保育者も積極的に遊びに入っている様子です。遊びが盛り上がったところで保育者は見守ります。

*7 絵で種類分けし元の場所に戻しやすくしている。プラスチック製よりも、本物の道具で子どもに扱うことのできる大きさの物が多くある。

　道具は沢山の種類を置いておくと、用途に合わせ子どもが自分で工夫して使える。

9章　子どもの遊びを支える環境

　このように、子どもたちがそれぞれの遊びを共有するミーティングの時間をつくることも保育者がやるべき環境構成です。「今日はこれやるから誰か一緒にやる？」とか、違う子どもが遊びに入ることで新たな発展へとつながり、新たな環境との出会いが生まれます。

写真15　お家ごっこ

写真16　朝のミーティング風景*8

補足

*8 遊びの流れを考え、ミーティングをする様子。異年齢の子どもが自然に集まることも。

　園庭の環境構成は、物的環境と、保育者が子どものみている世界を一緒に楽しむ心持ちや子どもたちを信じて待つ眼差し、子どもと保育者の信頼関係により、安心して子どもたちが探求や挑戦ができ、より豊かに環境と出会い関わることを可能にするものです。私たち保育者は実践をとおしてそのように感じています。

写真17　氷から生まれる発見①*9

写真18　氷から生まれる発見②*10

（落合陽子）

*9 写真17は氷が光にあたりキラキラするところを見て、子どもがきれいだと感じた様子である。子どもは自然のなかできれいなものを発見し心を育む。それを共感してくれる保育者の存在は重要になる。

*10 保育者たちの遊び心として作った太陽の光で氷が溶ける時間限定のオーナメント。写真18はそれをじっと眺めている5歳児の様子。次の日氷を探して同じものを作っていた。

10章 身近な環境から生じる興味や関心

> **POINT**
> - 身近な文字や標識に気づき関心をもつ環境の工夫。
> - 子ども自身が「伝えたい」「知りたい」などの必要感から、生活や遊びに生かせるようにしていく。
> - 「多い・少ない」「大きい・小さい」、「重い・軽い」など、幼児の生活や遊びのなかで数量や図形につながる実感を伴う体験を積み重ねる。
> - それぞれの場面で一人ひとりの興味や発達の実情に即して環境を工夫する。

1 標識や文字への関心が育まれる環境の事例

　子どもの生活のなかで、標識や文字は身の回りの環境として、身近にあふれています。道を歩くと道路標識や案内板、お店には品物に名称が貼りつけてあります。「何て書いてあるの」と聞いて、読むことを覚えます。これも子どもが興味をもつから覚えるのです。そしてその利便性にも気づきます。単に読んだり書いたりなどの知識の獲得を目的とするのではありません。人とつながり合うためのものであることを自然と感じ取れるように、環境を工夫していきましょう。

【事例1　遊具用具の表示】
　誰もが遊びに来る場においては、用具などに表示を付けておくことで、何があるのかわかったり、そこで自分が必要なものを選んだりしやすくなります。文字の読めない子どももいることに配慮し、写真表示などの使用も有効です。わかりやすくすることで、いろいろな用具を選んで使い遊びが広がり、また片づけのしやすさにもつながります。
　ここでの環境のポイントは、誰もがわかること、あまり変えない、ということが大事になるでしょう。いつものところにあることが、わかりやすい環境のひとつでもあります。

補足

「幼児期の終わりまでに育ってほしい姿」
(8)　数量や図形，標識や文字などへの関心・感覚
（幼稚園教育要領等参照）

幼稚園教育要領
第2章ねらい及び内容
環境
2内容（10）
3内容の取扱い（5）
言葉
2内容（10）
3内容の取扱い（5）
※詳しくは幼稚園教育要領解説を参照

10章　身近な環境から生じる興味や関心

写真1　砂場用ワゴン

写真2　ままごと用具の棚

【事例2　一日の生活の流れを「ホワイトボード」に示す】

　5歳児（年長児）になると、見通しをもって生活することが大切になります。文字への関心が出てきますので、今日の予定を書いておくことで、自分で考えて行動するようになります。読めない子どもも友だちと一緒に見たり保育者に聞いたりしながら、生活の流れを意識して過ごす習慣につながります。

写真3　年中組に伝えたい事＊1

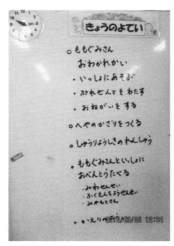

写真4　お別れ会の日のスケジュール

　ここでの環境のポイントは、ただホワイトボードにスケジュールを書いておく、というのではなく、クラスのなかで生活や活動について保育者と子どもが一緒に話し、確認し合うことを同時にしていくことです。そうすることで子どもにとって書いてあることが意味をもち、必要感が生まれ、確認しようと見たり、友だちとの会話のきっかけになっていくと考えることが大切です。

　補足

＊1 写真は卒園前のお別れ会の日に年長組が「したいこと」「伝えたいこと」をクラスで確認した事柄である。

5歳児なると、話し合いのなかで、確認したい事や話の整理にホワイトボードを活用することが有効になります。そのようにしていると、幼児もホワイトボードに書いてあることは何か大事なことだろうと注目するようになり、毎朝ホワイトボードを確認する姿も見られます。文字を読めない幼児もいるので、そのことへの配慮は必要ですが、友だち同士で確認し合う姿も見られるでしょう。

【事例3】お店屋さんごっこ　5歳児
　いろいろな材料を使ってごちそうづくりをするうちに、たくさんできてくると「お店屋さんにして、お客さんに来てもらおう」という思いが出てきます。そこで、自分たちの生活経験から、文字を書き看板やメニューなどを作ります。品物を作っていたのですが、品切れになり「予約」を取ることを思いつき、「予約表」を書くようにしました。

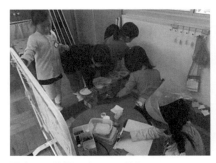

写真5　看板・メニュー作り

　ここでの環境のポイントは、子どもがどうすればよいか自分で考えたことをできる環境があることです。事例のように看板を作ろうとしたときには、その材料の紙やマジックが子どもが使えるように準備されている環境があるとよいです。また、その準備に子どもが必要と感じているものがなければ自分から保育者に要求する力が必要であり、その力を育てることも重要です。やりながら困ったことが起きたらその度にどうしたらいいか、自分たちで考え解決していけるように支えましょう。

写真6　予約表

　子どもが「お店屋さん」というと「お店らしくしなくては」と保育者の思いで、あれがいるのでは、これもあったほうがいいのでは、と先走って準備をしがちになることもあります。しかし、子どもは遊びながら「困ったこと」にぶつかることで、どうしようかと思考が働きます。遊びのなかで何を楽しんでいるかを大切に見取りながら、保育者のイメージで先走らないように、見守っていきましょう。

10章　身近な環境から生じる興味や関心

ワーク 1

園内の標識や文字にはどのような意図があるでしょうか。

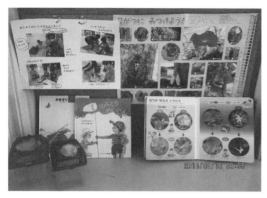

写真7　飼育コーナー

写真8　保健室前掲示

2　数量や図形への関心が生まれる環境の事例

　子どもは生活や遊びのなかで、数量や図形につながる実感を伴う体験がたくさんあります。ブロックをたくさん積んだら高くなり、私と友だちとどちらが高いなど気づきがあります。自分で気づいたり、友だちや保育者と遊ぶなかで気づいたりしています。その気づきを意識化することを積み重ねていくことで実感を伴った体験となります。そのためには、子ども自身が必要感を感じ、生き生きと数量や図形などに親しむ機会を生み出す環境が必要です。数量や図形への関心につながる素材や遊具用具、人との関わりを生み出す環境や保育者の言葉かけなどが重要になります。

> **補　足**
>
> 幼稚園教育要領
> 第2章ねらい及び内容
> 環境
> 2 内容（9）
> 3 内容の取扱い（5）
> ※詳しくは幼稚園教育要領解説を参照

【事例1　バケツに入れた砂の量　3歳児】
　最初は手シャベルで少しずつしか砂がすくえなかった3歳児も、次第に上手になり、たくさんすくえるようになってきます。すくった砂を入れる容器も、小さなカップからバケツになり、バケツいっぱいに砂を入れられると、「重たい！」とでき

写真9　砂をバケツにいっぱい入れる

た私ってすごいでしょ！と言わんばかりの表情で自慢げに見せに来ます。小さなカップとバケツを比べ、どちらの量が多いかを、自分で持って重さを実感して理解しています。その子どもの姿を受け止め、保育者も共感すること、言葉や行為で返し意識化につながる援助が大事になります。

ここでの環境のポイントは、3歳児は用具の体験など初めてのことも多いので、興味をもったことで、用具の扱いに慣れるまで繰り返し楽しみながら遊ぶ経験を積み重ねることを大切にしながら、徐々に種類を増やしていくことだと思います。そうすることで、用具や遊具のもつ意味やおもしろさが実感できてきます。そのように生活経験を広げていくことで、発想や思考の豊かさにつながっていくと考えます。

写真10　重たい！

【事例2　中型箱積み木を使ってコースを作る　5歳児】

空き箱制作は今までも経験してきましたが、5歳児になり本当に動くタイヤで作ろうということになりました。出来上がると次はその乗物を走らせるコースを作ろうということになりました。今まで使ったことのある中型箱積み木を使い「坂道にするには」「もっとまっすぐに長くしたい」など、友だちと相談しながら作り進めていきます。中型箱積み木は4歳児の時によく使って遊んでいたので、高さを同じにするにはどのように並べたり積んだりしたらいいかなど、今までの経験からイメージする形の実現に向けて、自分たちで作り進めていくことができています。

写真11　道を作ろう

写真12　長い道ができた！

ここでの環境のポイントは、今までの積み木遊びの経験の積み重ねといえるでしょう。積み木は形の組み合わせでいろいろなものができるのですが、何度も触れて遊ぶことでイメー

10章　身近な環境から生じる興味や関心

ジを広げたり、その実現に向けて考えて取り組んでいくことができます。まずはそのものに十分に触れて遊ぶ経験を重ねておくことが大切です。

自分が、今まで憧れていた年長になったことが誇らしく、意欲が高まる時期でもあります。やりたいと思ったことができるためには、基礎となるさまざまな経験を積み重ね、必要な遊具用具を使えるようにしておくことで実現に向かうことになります。

【事例3　ジュース屋さん　4歳児】

春から庭に咲く花で色水を作って遊んできました。作った色水を見て、「オレンジジュース！」「イチゴジュース！」など、口々に言いながら作ることを楽しんで遊んでいました。

夏が近づき、花がなくなってくると同時に、水を多く使って遊ぶようになると、色よりもたくさんの水に触れて遊ぶことが楽しく感じられるようになってきました。そこで、色水を大きめの水槽に用意し、容器もカップやペットボトルなど、いろいろな形や大きさのものを用意しました。すると、次々と容器に色水を入れて、並べて遊ぶようになりました。容器を棚に並べて「先生、いっぱいできたで！」と数を意識したり、「これはいっぱい入ってるで」と量を意識したりする姿が見られました。

写真13　たくさんジュースを作ろう

写真14　作ったジュースを並べて

ここでの環境のポイントは、ジュース屋さんといっても、そこで幼児は何を楽しんでいるのか、何に気づいているのかを読み取り、その遊びが充実する環境を準備していくことです。微妙な色の違いに興味をもち遊んでいる時は、色を作り出すためのいろいろな花と水は多すぎないほうがいいでしょう。しかし、水を多く使うようになってくると、色を作ることより、水の量を感じたり楽しめたりするように、水槽に数色の多めの色水、さまざまな形や大きさの容器を準備することで、気づきやおもしろさが増します。

同じ場で何人かがジュースづくりをしていても、色や量、手順など一人として友だちと同じにはなりません。遊びながら、作りながら、友だちのしていることに視線を向ける様子がよくあります。友だちへの関心から学びも多くうまれます。

ワーク2

　砂場遊びをしている幼児の姿から、数量や図形などの気づきを読み取ってみましょう

写真15　スコップで掘って、水を入れて①

写真16　スコップで掘って、水を入れて②

　同じ遊びをしていても、一人ひとりの興味や気づきは異なります。一緒に色水遊びをしていても、色、量、数など興味をもつ事柄は違っています。また、3歳児と5歳児では発達も違うので、環境や準備する用具も違ってきます。保育者は遊んでいる一人ひとりの興味や発達の姿を読み取り、子どもが自分の興味や気づきとして活用していけるように環境の工夫を重ねていきたいです。

　「文字や数量」というと、知識の習得を考えてしまいがちですが、幼児期の教育の基本は「環境を通して」ということを踏まえ、子どもが自分の生活のなかで必要感に基づいて、実感を伴う体験を積み重ね、「見方・考え方」の基礎を身につけているという考え方をしていくことが大切です。

（塩見弘子）

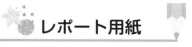

学年　　　　番号　　　　　　氏名

レポート用紙

学年　　　番号　　　氏名

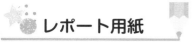

学年　　　番号　　　　氏名

レポート用紙

学年　　　番号　　　氏名

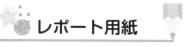

学年　　　番号　　　　氏名

レポート用紙

学年　　　番号　　　氏名

学年　　　番号　　　氏名

レポート用紙

学年　　　番号　　　氏名

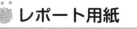

学年　　　番号　　　氏名

レポート用紙

学年　　　番号　　　氏名

資料：保育所保育指針

第1章 総則

　この指針は、児童福祉施設の設備及び運営に関する基準（昭和23年厚生省令第63号。以下「設備運営基準」という。）第35条の規定に基づき、保育所における保育の内容に関する事項及びこれに関連する運営に関する事項を定めるものである。各保育所は、この指針において規定される保育の内容に係る基本原則に関する事項等を踏まえ、各保育所の実情に応じて創意工夫を図り、保育所の機能及び質の向上に努めなければならない。

1　保育所保育に関する基本原則
(1)　保育所の役割
　ア　保育所は、児童福祉法（昭和22年法律第164号）第39条の規定に基づき、保育を必要とする子どもの保育を行い、その健全な心身の発達を図ることを目的とする児童福祉施設であり、入所する子どもの最善の利益を考慮し、その福祉を積極的に増進することに最もふさわしい生活の場でなければならない。
　イ　保育所は、その目的を達成するために、保育に関する専門性を有する職員が、家庭との緊密な連携の下に、子どもの状況や発達過程を踏まえ、保育所における環境を通して、養護及び教育を一体的に行うことを特性としている。
　ウ　保育所は、入所する子どもを保育するとともに、家庭や地域の様々な社会資源との連携を図りながら、入所する子どもの保護者に対する支援及び地域の子育て家庭に対する支援等を行う役割を担うものである。
　エ　保育所における保育士は、児童福祉法第18条の4の規定を踏まえ、保育所の役割及び機能が適切に発揮されるように、倫理観に裏付けられた専門的知識、技術及び判断をもって、子どもを保育するとともに、子どもの保護者に対する保育に関する指導を行うものであり、その職責を遂行するための専門性の向上に絶えず努めなければならない。
(2)　保育の目標
　ア　保育所は、子どもが生涯にわたる人間形成にとって極めて重要な時期に、その生活時間の大半を過ごす場である。このため、保育所の保育は、子どもが現在を最も良く生き、望ましい未来をつくり出す力の基礎を培うために、次の目標を目指して行わなければならない。
　　（ア）十分に養護の行き届いた環境の下に、くつろいだ雰囲気の中で子どもの様々な欲求を満たし、生命の保持及び情緒の安定を図ること。
　　（イ）健康、安全など生活に必要な基本的な習慣や態度を養い、心身の健康の基礎を培うこと。
　　（ウ）人との関わりの中で、人に対する愛情と信頼感、そして人権を大切にする心を育てるとともに、自主、自立及び協調の態度を養い、道徳性の芽生えを培うこと。
　　（エ）生命、自然及び社会の事象についての興味や関心を育て、それらに対する豊かな心情や思考力の芽生えを培うこと。
　　（オ）生活の中で、言葉への興味や関心を育て、話したり、聞いたり、相手の話を理解しようとするなど、言葉の豊かさを養うこと。
　　（カ）様々な体験を通して、豊かな感性や表現力を育み、創造性の芽生えを培うこと。
　イ　保育所は、入所する子どもの保護者に対し、その意向を受け止め、子どもと保護者の安定した関係に配慮し、保育所の特性や保育士等の専門性を生かして、その援助に当たらなければならない。
(3)　保育の方法
　保育の目標を達成するために、保育士等は、次の事項に留意して保育しなければならない。
　ア　一人一人の子どもの状況や家庭及び地域社会での生活の実態を把握するとともに、子どもが安心感と信頼感をもって活動できるよう、子どもの主体としての思いや願いを受け止めること。
　イ　子どもの生活のリズムを大切にし、健康、安全で情緒の安定した生活ができる環境や、自己を十分に発揮できる環境を整えること。
　ウ　子どもの発達について理解し、一人一人の発達過程に応じて保育すること。その際、子どもの個人差に十分配慮すること。
　エ　子ども相互の関係づくりや互いに尊重する心を大切にし、集団における活動を効果あるものにするよう援助すること。
　オ　子どもが自発的・意欲的に関われるような環境を構成し、子どもの主体的な活動や子ども相互の関わりを大切にすること。特に、乳幼児期にふさわしい体験が得られるように、生活や遊びを通して総合的に保育すること。
　カ　一人一人の保護者の状況やその意向を理解、受容し、それぞれの親子関係や家庭生活等に配慮しなが

ら、様々な機会をとらえ、適切に援助すること。
(4) 保育の環境
　保育の環境には、保育士等や子どもなどの人的環境、施設や遊具などの物的環境、更には自然や社会の事象などがある。保育所は、こうした人、物、場などの環境が相互に関連し合い、子どもの生活が豊かなものとなるよう、次の事項に留意しつつ、計画的に環境を構成し、工夫して保育しなければならない。
　ア　子ども自らが環境に関わり、自発的に活動し、様々な経験を積んでいくことができるよう配慮すること。
　イ　子どもの活動が豊かに展開されるよう、保育所の設備や環境を整え、保育所の保健的環境や安全の確保などに努めること。
　ウ　保育室は、温かな親しみとくつろぎの場となるとともに、生き生きと活動できる場となるように配慮すること。
　エ　子どもが人と関わる力を育てていくため、子ども自らが周囲の子どもや大人と関わっていくことができる環境を整えること。
(5) 保育所の社会的責任
　ア　保育所は、子どもの人権に十分配慮するとともに、子ども一人一人の人格を尊重して保育を行わなければならない。
　イ　保育所は、地域社会との交流や連携を図り、保護者や地域社会に、当該保育所が行う保育の内容を適切に説明するよう努めなければならない。
　ウ　保育所は、入所する子ども等の個人情報を適切に取り扱うとともに、保護者の苦情などに対し、その解決を図るよう努めなければならない。

2 養護に関する基本的事項
(1) 養護の理念
　保育における養護とは、子どもの生命の保持及び情緒の安定を図るために保育士等が行う援助や関わりであり、保育所における保育は、養護及び教育を一体的に行うことをその特性とするものである。保育所における保育全体を通じて、養護に関するねらい及び内容を踏まえた保育が展開されなければならない。
(2) 養護に関わるねらい及び内容
　ア　生命の保持
　　(ア) ねらい
　　　① 一人一人の子どもが、快適に生活できるようにする。
　　　② 一人一人の子どもが、健康で安全に過ごせるようにする。
　　　③ 一人一人の子どもの生理的欲求が、十分に満たされるようにする。
　　　④ 一人一人の子どもの健康増進が、積極的に図られるようにする。
　　(イ) 内容
　　　① 一人一人の子どもの平常の健康状態や発育及び発達状態を的確に把握し、異常を感じる場合は、速やかに適切に対応する。
　　　② 家庭との連携を密にし、嘱託医等との連携を図りながら、子どもの疾病や事故防止に関する認識を深め、保健的で安全な保育環境の維持及び向上に努める。
　　　③ 清潔で安全な環境を整え、適切な援助や応答的な関わりを通して子どもの生理的欲求を満たしていく。また、家庭と協力しながら、子どもの発達過程等に応じた適切な生活のリズムがつくられていくようにする。
　　　④ 子どもの発達過程等に応じて、適度な運動と休息を取ることができるようにする。また、食事、排泄、衣類の着脱、身の回りを清潔にすることなどについて、子どもが意欲的せつに生活できるよう適切に援助する。
　イ　情緒の安定
　　(ア) ねらい
　　　① 一人一人の子どもが、安定感をもって過ごせるようにする。
　　　② 一人一人の子どもが、自分の気持ちを安心して表すことができるようにする。
　　　③ 一人一人の子どもが、周囲から主体として受け止められ、主体として育ち、自分を肯定する気持ちが育まれていくようにする。
　　　④ 一人一人の子どもがくつろいで共に過ごし、心身の疲れが癒されるようにする。
　　(イ) 内容
　　　① 一人一人の子どもの置かれている状態や発達過程などを的確に把握し、子どもの欲求を適切に満たしながら、応答的な触れ合いや言葉がけを行う。
　　　② 一人一人の子どもの気持ちを受容し、共感しながら、子どもとの継続的な信頼関係を築いていく。
　　　③ 保育士等との信頼関係を基盤に、一人一人の子どもが主体的に活動し、自発性や探索意欲などを高めるとともに、自分への自信をもつことができるよう成長の過程を見守り、適切に働きかける。
　　　④ 一人一人の子どもの生活のリズム、発達過程、保育時間などに応じて、活動内容のバランスや調和を図りながら、適切な食事や休息が取れるよう

にする。

3 保育の計画及び評価
(1) 全体的な計画の作成
　ア　保育所は、1の(2)に示した保育の目標を達成するために、各保育所の保育の方針や目標に基づき、子どもの発達過程を踏まえて、保育の内容が組織的・計画的に構成され、保育所の生活の全体を通して、総合的に展開されるよう、全体的な計画を作成しなければならない。
　イ　全体的な計画は、子どもや家庭の状況、地域の実態、保育時間などを考慮し、子どもの育ちに関する長期的見通しをもって適切に作成されなければならない。
　ウ　全体的な計画は、保育所保育の全体像を包括的に示すものとし、これに基づく指導計画、保健計画、食育計画等を通じて、各保育所が創意工夫して保育できるよう、作成されなければならない。
(2) 指導計画の作成
　ア　保育所は、全体的な計画に基づき、具体的な保育が適切に展開されるよう、子どもの生活や発達を見通した長期的な指導計画と、それに関連しながら、より具体的な子どもの日々の生活に即した短期的な指導計画を作成しなければならない。
　イ　指導計画の作成に当たっては、第2章及びその他の関連する章に示された事項のほか、子ども一人一人の発達過程や状況を十分に踏まえるとともに、次の事項に留意しなければならない。
　　(ア) 3歳未満児については、一人一人の子どもの生育歴、心身の発達、活動の実態等に即して、個別的な計画を作成すること。
　　(イ) 3歳以上児については、個の成長と、子ども相互の関係や協同的な活動が促されるよう配慮すること。
　　(ウ) 異年齢で構成される組やグループでの保育においては、一人一人の子どもの生活や経験、発達過程などを把握し、適切な援助や環境構成ができるよう配慮すること。
　ウ　指導計画においては、保育所の生活における子どもの発達過程を見通し、生活の連続性、季節の変化などを考慮し、子どもの実態に即した具体的なねらい及び内容を設定すること。また、具体的なねらいが達成されるよう、子どもの生活する姿や発想を大切にして適切な環境を構成し、子どもが主体的に活動できるようにすること。
　エ　一日の生活のリズムや在園時間が異なる子どもが共に過ごすことを踏まえ、活動と休息、緊張感と解放感等の調和を図るよう配慮すること。
　オ　午睡は生活のリズムを構成する重要な要素であり、安心して眠ることのできる安全な睡眠環境を確保するとともに、在園時間が異なることや、睡眠時間は子どもの発達の状況や個人によって差があることから、一律とならないよう配慮すること。
　カ　長時間にわたる保育については、子どもの発達過程、生活のリズム及び心身の状態に十分配慮して、保育の内容や方法、職員の協力体制、家庭との連携などを指導計画に位置付けること。
　キ　障害のある子どもの保育については、一人一人の子どもの発達過程や障害の状態を把握し、適切な環境の下で、障害のある子どもが他の子どもとの生活を通して共に成長できるよう、指導計画の中に位置付けること。また、子どもの状況に応じた保育を実施する観点から、家庭や関係機関と連携した支援のための計画を個別に作成するなど適切な対応を図ること。
(3) 指導計画の展開
　指導計画に基づく保育の実施に当たっては、次の事項に留意しなければならない。
　ア　施設長、保育士など、全職員による適切な役割分担と協力体制を整えること。
　イ　子どもが行う具体的な活動は、生活の中で様々に変化することに留意して、子どもが望ましい方向に向かって自ら活動を展開できるよう必要な援助を行うこと。
　ウ　子どもの主体的な活動を促すためには、保育士等が多様な関わりをもつことが重要であることを踏まえ、子どもの情緒の安定や発達に必要な豊かな体験が得られるよう援助すること。
　エ　保育士等は、子どもの実態や子どもを取り巻く状況の変化などに即して保育の過程を記録するとともに、これらを踏まえ、指導計画に基づく保育の内容の見直しを行い、改善を図ること。
(4) 保育内容等の評価
　ア　保育士等の自己評価
　　(ア) 保育士等は、保育の計画や保育の記録を通して、自らの保育実践を振り返り、自己評価することを通して、その専門性の向上や保育実践の改善に努めなければならない。
　　(イ) 保育士等による自己評価に当たっては、子どもの活動内容やその結果だけでなく、子どもの心の育ちや意欲、取り組む過程などにも十分配慮するよう留意すること。

（ウ）保育士等は、自己評価における自らの保育実践の振り返りや職員相互の話し合い等を通じて、専門性の向上及び保育の質の向上のための課題を明確にするとともに、保育所全体の保育の内容に関する認識を深めること。
　　イ　保育所の自己評価
　　　（ア）保育所は、保育の質の向上を図るため、保育の計画の展開や保育士等の自己評価を踏まえ、当該保育所の保育の内容等について、自ら評価を行い、その結果を公表するよう努めなければならない。
　　　（イ）保育所が自己評価を行うに当たっては、地域の実情や保育所の実態に即して、適切に評価の観点や項目等を設定し、全職員による共通理解をもって取り組むよう留意すること。
　　　（ウ）設備運営基準第36条の趣旨を踏まえ、保育の内容等の評価に関し、保護者及び地域住民等の意見を聴くことが望ましいこと。
（5）評価を踏まえた計画の改善
　　ア　保育所は、評価の結果を踏まえ、当該保育所の保育の内容等の改善を図ること。
　　イ　保育の計画に基づく保育、保育の内容の評価及びこれに基づく改善という一連の取組により、保育の質の向上が図られるよう、全職員が共通理解をもって取り組むことに留意すること。

4 幼児教育を行う施設として共有すべき事項
（1）育みたい資質・能力
　　ア　保育所においては、生涯にわたる生きる力の基礎を培うため、1の(2)に示す保育の目標を踏まえ、次に掲げる資質・能力を一体的に育むよう努めるものとする。
　　　（ア）豊かな体験を通じて、感じたり、気付いたり、分かったり、できるようになったりする「知識及び技能の基礎」
　　　（イ）気付いたことや、できるようになったことなどを使い、考えたり、試したり、工夫したり、表現したりする「思考力、判断力、表現力等の基礎」
　　　（ウ）心情、意欲、態度が育つ中で、よりよい生活を営もうとする「学びに向かう力、人間性等」
　　イ　アに示す資質・能力は、第2章に示すねらい及び内容に基づく保育活動全体によって育むものである。
（2）幼児期の終わりまでに育ってほしい姿
　　次に示す「幼児期の終わりまでに育ってほしい姿」は、第2章に示すねらい及び内容に基づく保育活動全体を通して資質・能力が育まれている子どもの小学校就学時の具体的な姿であり、保育士等が指導を行う際に考慮するものである。
　　ア　健康な心と体
　　　保育所の生活の中で、充実感をもって自分のやりたいことに向かって心と体を十分に働かせ、見通しをもって行動し、自ら健康で安全な生活をつくり出すようになる。
　　イ　自立心
　　　身近な環境に主体的に関わり様々な活動を楽しむ中で、しなければならないことを自覚し、自分の力で行うために考えたり、工夫したりしながら、諦めずにやり遂げることで達成感を味わい、自信をもって行動するようになる。
　　ウ　協同性
　　　友達と関わる中で、互いの思いや考えなどを共有し、共通の目的の実現に向けて、考えたり、工夫したり、協力したりし、充実感をもってやり遂げるようになる。
　　エ　道徳性・規範意識の芽生え
　　　友達と様々な体験を重ねる中で、してよいことや悪いことが分かり、自分の行動を振り返ったり、友達の気持ちに共感したりし、相手の立場に立って行動するようになる。また、きまりを守る必要性が分かり、自分の気持ちを調整し、友達と折り合いを付けながら、きまりをつくったり、守ったりするようになる。
　　オ　社会生活との関わり
　　　家族を大切にしようとする気持ちをもつとともに、地域の身近な人と触れ合う中で、人との様々な関わり方に気付き、相手の気持ちを考えて関わり、自分が役に立つ喜びを感じ、地域に親しみをもつようになる。また、保育所内外の様々な環境に関わる中で、遊びや生活に必要な情報を取り入れ、情報に基づき判断したり、情報を伝え合ったり、活用したりするなど、情報を役立てながら活動するようになるとともに、公共の施設を大切に利用するなどして、社会とのつながりなどを意識するようになる。
　　カ　思考力の芽生え
　　　身近な事象に積極的に関わる中で、物の性質や仕組みなどを感じ取ったり、気付いたりし、考えたり、予想したり、工夫したりするなど、多様な関わりを楽しむようになる。また、友達の様々な考えに触れる中で、自分と異なる考えがあることに気付き、自ら判断したり、考え直したりするなど、新しい考えを生み出す喜びを味わいながら、自分の考えをより

よいものにするようになる。
　キ　自然との関わり・生命尊重
　　　自然に触れて感動する体験を通して、自然の変化などを感じ取り、好奇心や探究心をもって考え言葉などで表現しながら、身近な事象への関心が高まるとともに、自然への愛情や畏敬の念をもつようになる。また、身近な動植物に心を動かされる中で、生命の不思議さや尊さに気付き、身近な動植物への接し方を考え、命あるものとしていたわり、大切にする気持ちをもって関わるようになる。
　ク　数量や図形、標識や文字などへの関心・感覚
　　　遊びや生活の中で、数量や図形、標識や文字などに親しむ体験を重ねたり、標識や文字の役割に気付いたりし、自らの必要感に基づきこれらを活用し、興味や関心、感覚をもつようになる。
　ケ　言葉による伝え合い
　　　保育士等や友達と心を通わせる中で、絵本や物語などに親しみながら、豊かな言葉や表現を身に付け、経験したことや考えたことなどを言葉で伝えたり、相手の話を注意して聞いたりし、言葉による伝え合いを楽しむようになる。
　コ　豊かな感性と表現
　　　心を動かす出来事などに触れ感性を働かせる中で、様々な素材の特徴や表現の仕方などに気付き、感じたことや考えたことを自分で表現したり、友達同士で表現する過程を楽しんだりし、表現する喜びを味わい、意欲をもつようになる。

第2章 保育の内容

　この章に示す「ねらい」は、第1章の1の(2)に示された保育の目標をより具体化したものであり、子どもが保育所において、安定した生活を送り、充実した活動ができるように、保育を通じて育みたい資質・能力を、子どもの生活する姿から捉えたものである。また、「内容」は、「ねらい」を達成するために、子どもの生活やその状況に応じて保育士等が適切に行う事項と、保育士等が援助して子どもが環境に関わって経験する事項を示したものである。
　保育における「養護」とは、子どもの生命の保持及び情緒の安定を図るために保育士等が行う援助や関わりであり、「教育」とは、子どもが健やかに成長し、その活動がより豊かに展開されるための発達の援助である。本章では、保育士等が、「ねらい」及び「内容」を具体的に把握するため、主に教育に関わる側面からの視点を示しているが、実際の保育においては、養護と教育が一体となって展開されることに留意する必要がある。

1　乳児保育に関わるねらい及び内容
(1)　基本的事項
　ア　乳児期の発達については、視覚、聴覚などの感覚や、座る、はう、歩くなどの運動機能が著しく発達し、特定の大人との応答的な関わりを通じて、情緒的な絆が形成されるといった特徴がある。これらの発達の特徴を踏まえて、乳児保育は、愛情豊かに、応答的に行われることが特に必要である。
　イ　本項においては、この時期の発達の特徴を踏まえ、乳児保育の「ねらい」及び「内容」については、身体的発達に関する視点「健やかに伸び伸びと育つ」、社会的発達に関する視点「身近な人と気持ちが通じ合う」及び精神的発達に関する視点「身近なものと関わり感性が育つ」としてまとめ、示している。
　ウ　本項の各視点において示す保育の内容は、第1章の2に示された養護における「生命の保持」及び「情緒の安定」に関わる保育の内容と、一体となって展開されるものであることに留意が必要である。
(2)　ねらい及び内容
　ア　健やかに伸び伸びと育つ健康な心と体を育て、自ら健康で安全な生活をつくり出す力の基盤を培う。
　　(ア)　ねらい
　　　①　身体感覚が育ち、快適な環境に心地よさを感じる。
　　　②　伸び伸びと体を動かし、はう、歩くなどの運動をしようとする。
　　　③　食事、睡眠等の生活のリズムの感覚が芽生える。
　　(イ)　内容
　　　①　保育士等の愛情豊かな受容の下で、生理的・心理的欲求を満たし、心地よく生活をする。
　　　②　一人一人の発育に応じて、はう、立つ、歩くなど、十分に体を動かす。
　　　③　個人差に応じて授乳を行い、離乳を進めていく中で、様々な食品に少しずつ慣れ、食べることを楽しむ。
　　　④　一人一人の生活のリズムに応じて、安全な環境の下で十分に午睡をする。
　　　⑤　おむつ交換や衣服の着脱などを通じて、清潔になることの心地よさを感じる。
　　(ウ)　内容の取扱い
　　　上記の取扱いに当たっては、次の事項に留意する必要がある。
　　　①　心と体の健康は、相互に密接な関連があるものであることを踏まえ、温かい触れ合いの中で、心と体の発達を促すこと。特に、寝返り、お座り、はいはい、つかまり立ち、伝い歩きなど、発育に

応じて、遊びの中で体を動かす機会を十分に確保し、自ら体を動かそうとする意欲が育つようにすること。
　②　健康な心と体を育てるためには望ましい食習慣の形成が重要であることを踏まえ、離乳食が完了期へと徐々に移行する中で、様々な食品に慣れるようにするとともに、和やかな雰囲気の中で食べる喜びや楽しさを味わい、進んで食べようとする気持ちが育つようにすること。なお、食物アレルギーのある子どもへの対応については、嘱託医等の指示や協力の下に適切に対応すること。
　イ　身近な人と気持ちが通じ合う
　　受容的・応答的な関わりの下で、何かを伝えようとする意欲や身近な大人との信頼関係を育て、人と関わる力の基盤を培う。
　　（ア）ねらい
　　　①　安心できる関係の下で、身近な人と共に過ごす喜びを感じる。
　　　②　体の動きや表情、発声等により、保育士等と気持ちを通わせようとする。
　　　③　身近な人と親しみ、関わりを深め、愛情や信頼感が芽生える。
　　（イ）内容
　　　①　子どもからの働きかけを踏まえた、応答的な触れ合いや言葉がけによって、欲求が満たされ、安定感をもって過ごす。
　　　②　体の動きや表情、発声や喃語(なん)等を優しく受け止めてもらい、保育士等とのやり取りを楽しむ。
　　　③　生活や遊びの中で、自分の身近な人の存在に気付き、親しみの気持ちを表す。
　　　④　保育士等による語りかけや歌いかけ、発声や喃語(なん)等への応答を通じて、言葉の理解や発語の意欲が育つ。
　　　⑤　温かく、受容的な関わりを通じて、自分を肯定する気持ちが芽生える。
　　（ウ）内容の取扱い
　　　上記の取扱いに当たっては、次の事項に留意する必要がある。
　　　①　保育士等との信頼関係に支えられて生活を確立していくことが人と関わる基盤となることを考慮して、子どもの多様な感情を受け止め、温かく受容的・応答的に関わり、一人一人に応じた適切な援助を行うようにすること。
　　　②　身近な人に親しみをもって接し、自分の感情などを表し、それに相手が応答する言葉を聞くことを通して、次第に言葉が獲得されていくことを考

慮して、楽しい雰囲気の中での保育士等との関わり合いを大切にし、ゆっくりと優しく話しかけるなど、積極的に言葉のやり取りを楽しむことができるようにすること。
　ウ　身近なものと関わり感性が育つ
　　身近な環境に興味や好奇心をもって関わり、感じたことや考えたことを表現する力の基盤を培う。
　　（ア）ねらい
　　　①　身の回りのものに親しみ、様々なものに興味や関心をもつ。
　　　②　見る、触れる、探索するなど、身近な環境に自分から関わろうとする。
　　　③　身体の諸感覚による認識が豊かになり、表情や手足、体の動き等で表現する。
　　（イ）内容
　　　①　身近な生活用具、玩具や絵本などが用意された中で、身の回りのものに対する興味や好奇心をもつ。
　　　②　生活や遊びの中で様々なものに触れ、音、形、色、手触りなどに気付き、感覚の働きを豊かにする。
　　　③　保育士等と一緒に様々な色彩や形のものや絵本などを見る。
　　　④　玩具や身の回りのものを、つまむ、つかむ、たたく、引っ張るなど、手や指を使って遊ぶ。
　　　⑤　保育士等のあやし遊びに機嫌よく応じたり、歌やリズムに合わせて手足や体を動かして楽しんだりする。
　　（ウ）内容の取扱い
　　　上記の取扱いに当たっては、次の事項に留意する必要がある。
　　　①　玩具などは、音質、形、色、大きさなど子どもの発達状態に応じて適切なものを選び、その時々の子どもの興味や関心を踏まえるなど、遊びを通して感覚の発達が促されるものとなるように工夫すること。なお、安全な環境の下で、子どもが探索意欲を満たして自由に遊べるよう、身の回りのものについては、常に十分な点検を行うこと。
　　　②　乳児期においては、表情、発声、体の動きなどで、感情を表現することが多いことから、これらの表現しようとする意欲を積極的に受け止めて、子どもが様々な活動を楽しむことを通して表現が豊かになるようにすること。
(3) 保育の実施に関わる配慮事項
　ア　乳児は疾病への抵抗力が弱く、心身の機能の未熟さに伴う疾病の発生が多いことから、一人一人の発育及び発達状態や健康状態についての適切な判断に

基づく保健的な対応を行うこと。
　イ　一人一人の子どもの生育歴の違いに留意しつつ、欲求を適切に満たし、特定の保育士が応答的に関わるように努めること。
　ウ　乳児保育に関わる職員間の連携や嘱託医との連携を図り、第3章に示す事項を踏まえ、適切に対応すること。栄養士及び看護師等が配置されている場合は、その専門性を生かした対応を図ること。
　エ　保護者との信頼関係を築きながら保育を進めるとともに、保護者からの相談に応じ、保護者への支援に努めていくこと。
　オ　担当の保育士が替わる場合には、子どものそれまでの生育歴や発達過程に留意し、職員間で協力して対応すること。

2　1歳以上3歳未満児の保育に関わるねらい及び内容

(1) 基本的事項

　ア　この時期においては、歩き始めから、歩く、走る、跳ぶなどへと、基本的な運動機能が次第に発達し、排泄の自立のための身体的機能も整うようになる。つまむ、めくるなどの指先の機能も発達し、食事、衣類の着脱なども、保育士等の援助の下で自分で行うようになる。発声も明瞭になり、語彙も増加し、自分の意思や欲求を言葉で表出できるようになる。このように自分でできることが増えてくる時期であることから、保育士等は、子どもの生活の安定を図りながら、自分でしようとする気持ちを尊重し、温かく見守るとともに、愛情豊かに、応答的に関わることが必要である。

　イ　本項においては、この時期の発達の特徴を踏まえ、保育の「ねらい」及び「内容」について、心身の健康に関する領域「健康」、人との関わりに関する領域「人間関係」、身近な環境との関わりに関する領域「環境」、言葉の獲得に関する領域「言葉」及び感性と表現に関する領域「表現」としてまとめ、示している。

　ウ　本項の各領域において示す保育の内容は、第1章の2に示された養護における「生命の保持」及び「情緒の安定」に関わる保育の内容と、一体となって展開されるものであることに留意が必要である。

(2) ねらい及び内容

　ア　健康
　　　健康な心と体を育て、自ら健康で安全な生活をつくり出す力を養う。
　　(ア) ねらい
　　　① 明るく伸び伸びと生活し、自分から体を動かすことを楽しむ。
　　　② 自分の体を十分に動かし、様々な動きをしようとする。
　　　③ 健康、安全な生活に必要な習慣に気付き、自分でしてみようとする気持ちが育つ。
　　(イ) 内容
　　　① 保育士等の愛情豊かな受容の下で、安定感をもって生活をする。
　　　② 食事や午睡、遊びと休息など、保育所における生活のリズムが形成される。
　　　③ 走る、跳ぶ、登る、押す、引っ張るなど全身を使う遊びを楽しむ。
　　　④ 様々な食品や調理形態に慣れ、ゆったりとした雰囲気の中で食事や間食を楽しむ。
　　　⑤ 身の回りを清潔に保つ心地よさを感じ、その習慣が少しずつ身に付く。
　　　⑥ 保育士等の助けを借りながら、衣類の着脱を自分でしようとする。
　　　⑦ 便器での排泄に慣れ、自分で排泄ができるようになる。
　　(ウ) 内容の取扱い
　　　上記の取扱いに当たっては、次の事項に留意する必要がある。
　　　① 心と体の健康は、相互に密接な関連があるものであることを踏まえ、子どもの気持ちに配慮した温かい触れ合いの中で、心と体の発達を促すこと。特に、一人一人の発育に応じて、体を動かす機会を十分に確保し、自ら体を動かそうとする意欲が育つようにすること。
　　　② 健康な心と体を育てるためには望ましい食習慣の形成が重要であることを踏まえ、ゆったりとした雰囲気の中で食べる喜びや楽しさを味わい、進んで食べようとする気持ちが育つようにすること。なお、食物アレルギーのある子どもへの対応については、嘱託医等の指示や協力の下に適切に対応すること。
　　　③ 排泄の習慣については、一人一人の排尿間隔等を踏まえ、おむつが汚れていないときに便器に座らせるなどにより、少しずつ慣れさせるようにすること。
　　　④ 食事、排泄、睡眠、衣類の着脱、身の回りを清潔にすることなど、生活に必要な基本的な習慣については、一人一人の状態に応じ、落ち着いた雰囲気の中で行うようにし、子どもが自分でしようとする気持ちを尊重すること。また、基本的な生活習慣の形成に当たっては、家庭での生活経験に

配慮し、家庭との適切な連携の下で行うようにすること。
イ　人間関係
　他の人々と親しみ、支え合って生活するために、自立心を育て、人と関わる力を養う。
（ア）ねらい
　① 保育所での生活を楽しみ、身近な人と関わる心地よさを感じる。
　② 周囲の子ども等への興味や関心が高まり、関わりをもとうとする。
　③ 保育所の生活の仕方に慣れ、きまりの大切さに気付く。
（イ）内容
　① 保育士等や周囲の子ども等との安定した関係の中で、共に過ごす心地よさを感じる。
　② 保育士等の受容的・応答的な関わりの中で、欲求を適切に満たし、安定感をもって過ごす。
　③ 身の回りに様々な人がいることに気付き、徐々に他の子どもと関わりをもって遊ぶ。
　④ 保育士等の仲立ちにより、他の子どもとの関わり方を少しずつ身につける。
　⑤ 保育所の生活の仕方に慣れ、きまりがあることや、その大切さに気付く。
　⑥ 生活や遊びの中で、年長児や保育士等の真似をしたり、ごっこ遊びを楽しんだりする。
（ウ）内容の取扱い
　上記の取扱いに当たっては、次の事項に留意する必要がある。
　① 保育士等との信頼関係に支えられて生活を確立するとともに、自分で何かをしようとする気持ちが旺盛になる時期であることに鑑み、そのような子どもの気持ちを尊重し、温かく見守るとともに、愛情豊かに、応答的に関わり、適切な援助を行うようにすること。
　② 思い通りにいかない場合等の子どもの不安定な感情の表出については、保育士等が受容的に受け止めるとともに、そうした気持ちから立ち直る経験や感情をコントロールすることへの気付き等につなげていけるように援助すること。
　③ この時期は自己と他者との違いの認識がまだ十分ではないことから、子どもの自我の育ちを見守るとともに、保育士等が仲立ちとなって、自分の気持ちを相手に伝えることや相手の気持ちに気付くことの大切さなど、友達の気持ちや友達との関わり方を丁寧に伝えていくこと。
ウ　環境
　周囲の様々な環境に好奇心や探究心をもって関わり、それらを生活に取り入れていこうとする力を養う。
（ア）ねらい
　① 身近な環境に親しみ、触れ合う中で、様々なものに興味や関心をもつ。
　② 様々なものに関わる中で、発見を楽しんだり、考えたりしようとする。
　③ 見る、聞く、触るなどの経験を通して、感覚の働きを豊かにする。
（イ）内容
　① 安全で活動しやすい環境での探索活動等を通して、見る、聞く、触れる、嗅ぐ、味わうなどの感覚の働きを豊かにする。
　② 玩具、絵本、遊具などに興味をもち、それらを使った遊びを楽しむ。
　③ 身の回りの物に触れる中で、形、色、大きさ、量などの物の性質や仕組みに気付く。
　④ 自分の物と人の物の区別や、場所的感覚など、環境を捉える感覚が育つ。
　⑤ 身近な生き物に気付き、親しみをもつ。
　⑥ 近隣の生活や季節の行事などに興味や関心をもつ。
（ウ）内容の取扱い
　上記の取扱いに当たっては、次の事項に留意する必要がある。
　① 玩具などは、音質、形、色、大きさなど子どもの発達状態に応じて適切なものを選び、遊びを通して感覚の発達が促されるように工夫すること。
　② 身近な生き物との関わりについては、子どもが命を感じ、生命の尊さに気付く経験へとつながるものであることから、そうした気付きを促すような関わりとなるようにすること。
　③ 地域の生活や季節の行事などに触れる際には、社会とのつながりや地域社会の文化への気付きにつながるものとなることが望ましいこと。その際、保育所内外の行事や地域の人々との触れ合いなどを通して行うこと等も考慮すること。
エ　言葉
　経験したことや考えたことなどを自分なりの言葉で表現し、相手の話す言葉を聞こうとする意欲や態度を育て、言葉に対する感覚や言葉で表現する力を養う。
（ア）ねらい
　① 言葉遊びや言葉で表現する楽しさを感じる。
　② 人の言葉や話などを聞き、自分でも思ったことを伝えようとする。
　③ 絵本や物語等に親しむとともに、言葉のやり取

りを通じて身近な人と気持ちを通わせる。
(イ) 内容
①　保育士等の応答的な関わりや話しかけにより、自ら言葉を使おうとする。
②　生活に必要な簡単な言葉に気付き、聞き分ける。
③　親しみをもって日常の挨拶に応じる。
④　絵本や紙芝居を楽しみ、簡単な言葉を繰り返したり、模倣をしたりして遊ぶ。
⑤　保育士等とごっこ遊びをする中で、言葉のやり取りを楽しむ。
⑥　保育士等を仲立ちとして、生活や遊びの中で友達との言葉のやり取りを楽しむ。
⑦　保育士等や友達の言葉や話に興味や関心をもって、聞いたり、話したりする。
(ウ) 内容の取扱い
上記の取扱いに当たっては、次の事項に留意する必要がある。
①　身近な人に親しみをもって接し、自分の感情などを伝え、それに相手が応答し、その言葉を聞くことを通して、次第に言葉が獲得されていくものであることを考慮して、楽しい雰囲気の中で保育士等との言葉のやり取りができるようにすること。
②　子どもが自分の思いを言葉で伝えるとともに、他の子どもの話などを聞くことを通して、次第に話を理解し、言葉による伝え合いができるようになるよう、気持ちや経験等の言語化を行うことを援助するなど、子ども同士の関わりの仲立ちを行うようにすること。
③　この時期は、片言から、二語文、ごっこ遊びでのやり取りができる程度へと、大きく言葉の習得が進む時期であることから、それぞれの子どもの発達の状況に応じて、遊びや関わりの工夫など、保育の内容を適切に展開することが必要であること。
オ　表現
感じたことや考えたことを自分なりに表現することを通して、豊かな感性や表現する力を養い、創造性を豊かにする。
(ア) ねらい
①　身体の諸感覚の経験を豊かにし、様々な感覚を味わう。
②　感じたことや考えたことなどを自分なりに表現しようとする。
③　生活や遊びの様々な体験を通して、イメージや感性が豊かになる。

(イ) 内容
①　水、砂、土、紙、粘土など様々な素材に触れて楽しむ。
②　音楽、リズムやそれに合わせた体の動きを楽しむ。
③　生活の中で様々な音、形、色、手触り、動き、味、香りなどに気付いたり、感じたりして楽しむ。
④　歌を歌ったり、簡単な手遊びや全身を使う遊びを楽しんだりする。
⑤　保育士等からの話や、生活や遊びの中での出来事を通して、イメージを豊かにする。
⑥　生活や遊びの中で、興味のあることや経験したことなどを自分なりに表現する。
(ウ) 内容の取扱い
上記の取扱いに当たっては、次の事項に留意する必要がある。
①　子どもの表現は、遊びや生活の様々な場面で表出されているものであることから、それらを積極的に受け止め、様々な表現の仕方や感性を豊かにする経験となるようにすること。
②　子どもが試行錯誤しながら様々な表現を楽しむことや、自分の力でやり遂げる充実感などに気付くよう、温かく見守るとともに、適切に援助を行うようにすること。
③　様々な感情の表現等を通じて、子どもが自分の感情や気持ちに気付くようになる時期であることに鑑み、受容的な関わりの中で自信をもって表現をすることや、諦めずに続けた後の達成感等を感じられるような経験が蓄積されるようにすること。
④　身近な自然や身の回りの事物に関わる中で、発見や心が動く経験が得られるよう、諸感覚を働かせることを楽しむ遊びや素材を用意するなど保育の環境を整えること。
(3) 保育の実施に関わる配慮事項
ア　特に感染症にかかりやすい時期であるので、体の状態、機嫌、食欲などの日常の状態の観察を十分に行うとともに、適切な判断に基づく保健的な対応を心がけること。
イ　探索活動が十分できるように、事故防止に努めながら活動しやすい環境を整え、全身を使う遊びなど様々な遊びを取り入れること。
ウ　自我が形成され、子どもが自分の感情や気持ちに気付くようになる重要な時期であることに鑑み、情緒の安定を図りながら、子どもの自発的な活動を尊重するとともに促していくこと。
エ　担当の保育士が替わる場合には、子どものそれま

での経験や発達過程に留意し、職員間で協力して対応すること。

3　3歳以上児の保育に関するねらい及び内容
(1) 基本的事項
　ア　この時期においては、運動機能の発達により、基本的な動作が一通りできるようになるとともに、基本的な生活習慣もほぼ自立できるようになる。理解する語彙数が急激に増加し、知的興味や関心も高まってくる。仲間と遊び、仲間の中の一人という自覚が生じ、集団的な遊びや協同的な活動も見られるようになる。これらの発達の特徴を踏まえて、この時期の保育においては、個の成長と集団としての活動の充実が図られるようにしなければならない。
　イ　本項においては、この時期の発達の特徴を踏まえ、保育の「ねらい」及び「内容」について、心身の健康に関する領域「健康」、人との関わりに関する領域「人間関係」、身近な環境との関わりに関する領域「環境」、言葉の獲得に関する領域「言葉」及び感性と表現に関する領域「表現」としてまとめ、示している。
　ウ　本項の各領域において示す保育の内容は、第1章の2に示された養護における「生命の保持」及び「情緒の安定」に関わる保育の内容と、一体となって展開されるものであることに留意が必要である。
(2) ねらい及び内容
　ア　健康
　　健康な心と体を育て、自ら健康で安全な生活をつくり出す力を養う。
　(ア) ねらい
　　① 明るく伸び伸びと行動し、充実感を味わう。
　　② 自分の体を十分に動かし、進んで運動しようとする。
　　③ 健康、安全な生活に必要な習慣や態度を身に付け、見通しをもって行動する。
　(イ) 内容
　　① 保育士等や友達と触れ合い、安定感をもって行動する。
　　② いろいろな遊びの中で十分に体を動かす。
　　③ 進んで戸外で遊ぶ。
　　④ 様々な活動に親しみ、楽しんで取り組む。
　　⑤ 保育士等や友達と食べることを楽しみ、食べ物への興味や関心をもつ。
　　⑥ 健康な生活のリズムを身に付ける。
　　⑦ 身の回りを清潔にし、衣服の着脱、食事、排泄などの生活に必要な活動を自分でする。
　　⑧ 保育所における生活の仕方を知り、自分たちで生活の場を整えながら見通しをもって行動する。
　　⑨ 自分の健康に関心をもち、病気の予防などに必要な活動を進んで行う。
　　⑩ 危険な場所、危険な遊び方、災害時などの行動の仕方が分かり、安全に気を付けて行動する。
　(ウ) 内容の取扱い
　　上記の取扱いに当たっては、次の事項に留意する必要がある。
　　① 心と体の健康は、相互に密接な関連があるものであることを踏まえ、子どもが保育士等や他の子どもとの温かい触れ合いの中で自己の存在感や充実感を味わうことなどを基盤として、しなやかな心と体の発達を促すこと。特に、十分に体を動かす気持ちよさを体験し、自ら体を動かそうとする意欲が育つようにすること。
　　② 様々な遊びの中で、子どもが興味や関心、能力に応じて全身を使って活動することにより、体を動かす楽しさを味わい、自分の体を大切にしようとする気持ちが育つようにすること。その際、多様な動きを経験する中で、体の動きを調整するようにすること。
　　③ 自然の中で伸び伸びと体を動かして遊ぶことにより、体の諸機能の発達が促されることに留意し、子どもの興味や関心が戸外にも向くようにすること。その際、子どもの動線に配慮した園庭や遊具の配置などを工夫すること。
　　④ 健康な心と体を育てるためには食育を通じた望ましい食習慣の形成が大切であることを踏まえ、子どもの食生活の実情に配慮し、和やかな雰囲気の中で保育士等や他の子どもと食べる喜びや楽しさを味わったり、様々な食べ物への興味や関心をもったりするなどし、食の大切さに気付き、進んで食べようとする気持ちが育つようにすること。
　　⑤ 基本的な生活習慣の形成に当たっては、家庭での生活経験に配慮し、子どもの自立心を育て、子どもが他の子どもと関わりながら主体的な活動を展開する中で、生活に必要な習慣を身に付け、次第に見通しをもって行動できるようにすること。
　　⑥ 安全に関する指導に当たっては、情緒の安定を図り、遊びを通して安全についての構えを身に付け、危険な場所や事物などが分かり、安全についての理解を深めるようにすること。また、交通安全の習慣を身に付けるようにするとともに、避難訓練などを通して、災害などの緊急時に適切な行動がとれるようにすること。

イ 人間関係
　他の人々と親しみ、支え合って生活するために、自立心を育て、人と関わる力を養う。
(ア) ねらい
　① 保育所の生活を楽しみ、自分の力で行動することの充実感を味わう。
　② 身近な人と親しみ、関わりを深め、工夫したり、協力したりして一緒に活動する楽しさを味わい、愛情や信頼感をもつ。
　③ 社会生活における望ましい習慣や態度を身に付ける。
(イ) 内容
　① 保育士等や友達と共に過ごすことの喜びを味わう。
　② 自分で考え、自分で行動する。
　③ 自分でできることは自分でする。
　④ いろいろな遊びを楽しみながら物事をやり遂げようとする気持ちをもつ。
　⑤ 友達と積極的に関わりながら喜びや悲しみを共感し合う。
　⑥ 自分の思ったことを相手に伝え、相手の思っていることに気付く。
　⑦ 友達のよさに気付き、一緒に活動する楽しさを味わう。
　⑧ 友達と楽しく活動する中で、共通の目的を見いだし、工夫したり、協力したりなどする。
　⑨ よいことや悪いことがあることに気付き、考えながら行動する。
　⑩ 友達との関わりを深め、思いやりをもつ。
　⑪ 友達と楽しく生活する中できまりの大切さに気付き、守ろうとする。
　⑫ 共同の遊具や用具を大切にし、皆で使う。
　⑬ 高齢者をはじめ地域の人々などの自分の生活に関係の深いいろいろな人に親しみをもつ。
(ウ) 内容の取扱い
　上記の取扱いに当たっては、次の事項に留意する必要がある。
　① 保育士等との信頼関係に支えられて自分自身の生活を確立していくことが人と関わる基盤となることを考慮し、子どもが自ら周囲に働き掛けることにより多様な感情を体験し、試行錯誤しながら諦めずにやり遂げることの達成感や、前向きな見通しをもって自分の力で行うことの充実感を味わうことができるよう、子どもの行動を見守りながら適切な援助を行うようにすること。
　② 一人一人を生かした集団を形成しながら人と関わる力を育てていくようにすること。その際、集団の生活の中で、子どもが自己を発揮し、保育士等や他の子どもに認められる体験をし、自分のよさや特徴に気付き、自信をもって行動できるようにすること。
　③ 子どもが互いに関わりを深め、協同して遊ぶようになるため、自ら行動する力を育てるとともに、他の子どもと試行錯誤しながら活動を展開する楽しさや共通の目的が実現する喜びを味わうことができるようにすること。
　④ 道徳性の芽生えを培うに当たっては、基本的な生活習慣の形成を図るとともに、子どもが他の子どもとの関わりの中で他人の存在に気付き、相手を尊重する気持ちをもって行動できるようにし、また、自然や身近な動植物に親しむことなどを通して豊かな心情が育つようにすること。特に、人に対する信頼感や思いやりの気持ちは、葛藤やつまずきをも体験し、それらを乗り越えることにより次第に芽生えてくることに配慮すること。
　⑤ 集団の生活を通して、子どもが人との関わりを深め、規範意識の芽生えが培われることを考慮し、子どもが保育士等との信頼関係に支えられて自己を発揮する中で、互いに思いを主張し、折り合いを付ける体験をし、きまりの必要性などに気付き、自分の気持ちを調整する力が育つようにすること。
　⑥ 高齢者をはじめ地域の人々などの自分の生活に関係の深いいろいろな人と触れ合い、自分の感情や意志を表現しながら共に楽しみ、共感し合う体験を通して、これらの人々などに親しみをもち、人と関わることの楽しさや人の役に立つ喜びを味わうことができるようにすること。また、生活を通して親や祖父母などの家族の愛情に気付き、家族を大切にしようとする気持ちが育つようにすること。

ウ 環境
　周囲の様々な環境に好奇心や探究心をもって関わり、それらを生活に取り入れていこうとする力を養う。
(ア) ねらい
　① 身近な環境に親しみ、自然と触れ合う中で様々な事象に興味や関心をもつ。
　② 身近な環境に自分から関わり、発見を楽しんだり、考えたりし、それを生活に取り入れようとする。
　③ 身近な事象を見たり、考えたり、扱ったりする中で、物の性質や数量、文字などに対する感覚を

豊かにする。
(イ) 内容
① 自然に触れて生活し、その大きさ、美しさ、不思議さなどに気付く。
② 生活の中で、様々な物に触れ、その性質や仕組みに興味や関心をもつ。
③ 季節により自然や人間の生活に変化のあることに気付く。
④ 自然などの身近な事象に関心をもち、取り入れて遊ぶ。
⑤ 身近な動植物に親しみをもって接し、生命の尊さに気付き、いたわったり、大切にしたりする。
⑥ 日常生活の中で、我が国や地域社会における様々な文化や伝統に親しむ。
⑦ 身近な物を大切にする。
⑧ 身近な物や遊具に興味をもって関わり、自分なりに比べたり、関連付けたりしながら考えたり、試したりして工夫して遊ぶ。
⑨ 日常生活の中で数量や図形などに関心をもつ。
⑩ 日常生活の中で簡単な標識や文字などに関心をもつ。
⑪ 生活に関係の深い情報や施設などに興味や関心をもつ。
⑫ 保育所内外の行事において国旗に親しむ。
(ウ) 内容の取扱い
　上記の取扱いに当たっては、次の事項に留意する必要がある。
① 子どもが、遊びの中で周囲の環境と関わり、次第に周囲の世界に好奇心を抱き、その意味や操作の仕方に関心をもち、物事の法則性に気付き、自分なりに考えることができるようになる過程を大切にすること。また、他の子どもの考えなどに触れて新しい考えを生み出す喜びや楽しさを味わい、自分の考えをよりよいものにしようとする気持ちが育つようにすること。
② 幼児期において自然のもつ意味は大きく、自然の大きさ、美しさ、不思議さなどに直接触れる体験を通して、子どもの心が安らぎ、豊かな感情、好奇心、思考力、表現力の基礎が培われることを踏まえ、子どもが自然との関わりを深めることができるよう工夫すること。
③ 身近な事象や動植物に対する感動を伝え合い、共感し合うことなどを通して自分から関わろうとする意欲を育てるとともに、様々な関わり方を通してそれらに対する親しみや畏敬の念、生命を大切にする気持ち、公共心、探究心などが養われる

ようにすること。
④ 文化や伝統に親しむ際には、正月や節句など我が国の伝統的な行事、国歌、唱歌、わらべうたや我が国の伝統的な遊びに親しんだり、異なる文化に触れる活動に親しんだりすることを通じて、社会とのつながりの意識や国際理解の意識の芽生えなどが養われるようにすること。
⑤ 数量や文字などに関しては、日常生活の中で子ども自身の必要感に基づく体験を大切にし、数量や文字などに関する興味や関心、感覚が養われるようにすること。
エ　言葉
　経験したことや考えたことなどを自分なりの言葉で表現し、相手の話す言葉を聞こうとする意欲や態度を育て、言葉に対する感覚や言葉で表現する力を養う。
(ア) ねらい
① 自分の気持ちを言葉で表現する楽しさを味わう。
② 人の言葉や話などをよく聞き、自分の経験したことや考えたことを話し、伝え合う喜びを味わう。
③ 日常生活に必要な言葉が分かるようになるとともに、絵本や物語などに親しみ、言葉に対する感覚を豊かにし、保育士等や友達と心を通わせる。
(イ) 内容
① 保育士等や友達の言葉や話に興味や関心をもち、親しみをもって聞いたり、話したりする。
② したり、見たり、聞いたり、感じたり、考えたりなどしたことを自分なりに言葉で表現する。
③ したいこと、してほしいことを言葉で表現したり、分からないことを尋ねたりする。
④ 人の話を注意して聞き、相手に分かるように話す。
⑤ 生活の中で必要な言葉が分かり、使う。
⑥ 親しみをもって日常の挨拶をする。
⑦ 生活の中で言葉の楽しさや美しさに気付く。
⑧ いろいろな体験を通じてイメージや言葉を豊かにする。
⑨ 絵本や物語などに親しみ、興味をもって聞き、想像をする楽しさを味わう。
⑩ 日常生活の中で、文字などで伝える楽しさを味わう。
(ウ) 内容の取扱い
　上記の取扱いに当たっては、次の事項に留意する必要がある。
① 言葉は、身近な人に親しみをもって接し、自分の感情や意志などを伝え、それに相手が応答し、

その言葉を聞くことを通して次第に獲得されていくものであることを考慮して、子どもが保育士等や他の子どもと関わることにより心を動かされるような体験をし、言葉を交わす喜びを味わえるようにすること。
② 子どもが自分の思いを言葉で伝えるとともに、保育士等や他の子どもなどの話を興味をもって注意して聞くことを通して次第に話を理解するようになっていき、言葉による伝え合いができるようにすること。
③ 絵本や物語などで、その内容と自分の経験とを結び付けたり、想像を巡らせたりするなど、楽しみを十分に味わうことによって、次第に豊かなイメージをもち、言葉に対する感覚が養われるようにすること。
④ 子どもが生活の中で、言葉の響きやリズム、新しい言葉や表現などに触れ、これらを使う楽しさを味わえるようにすること。その際、絵本や物語に親しんだり、言葉遊びなどをしたりすることを通して、言葉が豊かになるようにすること。
⑤ 子どもが日常生活の中で、文字などを使いながら思ったことや考えたことを伝える喜びや楽しさを味わい、文字に対する興味や関心をもつようにすること。

オ 表現
　感じたことや考えたことを自分なりに表現することを通して、豊かな感性や表現する力を養い、創造性を豊かにする。
(ア) ねらい
① いろいろなものの美しさなどに対する豊かな感性をもつ。
② 感じたことや考えたことを自分なりに表現して楽しむ。
③ 生活の中でイメージを豊かにし、様々な表現を楽しむ。
(イ) 内容
① 生活の中で様々な音、形、色、手触り、動きなどに気付いたり、感じたりするなどして楽しむ。
② 生活の中で美しいものや心を動かす出来事に触れ、イメージを豊かにする。
③ 様々な出来事の中で、感動したことを伝え合う楽しさを味わう。
④ 感じたこと、考えたことなどを音や動きなどで表現したり、自由にかいたり、つくったりなどする。
⑤ いろいろな素材に親しみ、工夫して遊ぶ。

⑥ 音楽に親しみ、歌を歌ったり、簡単なリズム楽器を使ったりなどする楽しさを味わう。
⑦ かいたり、つくったりすることを楽しみ、遊びに使ったり、飾ったりなどする。
⑧ 自分のイメージを動きや言葉などで表現したり、演じて遊んだりするなどの楽しさを味わう。
(ウ) 内容の取扱い
　上記の取扱いに当たっては、次の事項に留意する必要がある。
① 豊かな感性は、身近な環境と十分に関わる中で美しいもの、優れたもの、心を動かす出来事などに出会い、そこから得た感動を他の子どもや保育士等と共有し、様々に表現することなどを通して養われるようにすること。その際、風の音や雨の音、身近にある草や花の形や色など自然の中にある音、形、色などに気付くようにすること。
② 子どもの自己表現は素朴な形で行われることが多いので、保育士等はそのような表現を受容し、子ども自身の表現しようとする意欲を受け止めて、子どもが生活の中で子どもらしい様々な表現を楽しむことができるようにすること。
③ 生活経験や発達に応じ、自ら様々な表現を楽しみ、表現する意欲を十分に発揮させることができるように、遊具や用具などを整えたり、様々な素材や表現の仕方に親しんだり、他の子どもの表現に触れられるよう配慮したりし、表現する過程を大切にして自己表現を楽しめるように工夫すること。

(3) 保育の実施に関わる配慮事項
ア 第1章の4の(2)に示す「幼児期の終わりまでに育ってほしい姿」が、ねらい及び内容に基づく活動全体を通して資質・能力が育まれている子どもの小学校就学時の具体的な姿であることを踏まえ、指導を行う際には適宜考慮すること。
イ 子どもの発達や成長の援助をねらいとした活動の時間については、意識的に保育の計画等において位置付けて、実施することが重要であること。なお、そのような活動の時間については、保護者の就労状況等に応じて子どもが保育所で過ごす時間がそれぞれ異なることに留意して設定すること。
ウ 特に必要な場合には、各領域に示すねらいの趣旨に基づいて、具体的な内容を工夫し、それを加えても差し支えないが、その場合には、それが第1章の1に示す保育所保育に関する基本原則を逸脱しないよう慎重に配慮する必要があること。

4 保育の実施に関して留意すべき事項
(1) 保育全般に関わる配慮事項
　ア　子どもの心身の発達及び活動の実態などの個人差を踏まえるとともに、一人一人の子どもの気持ちを受け止め、援助すること。
　イ　子どもの健康は、生理的・身体的な育ちとともに、自主性や社会性、豊かな感性の育ちとがあいまってもたらされることに留意すること。
　ウ　子どもが自ら周囲に働きかけ、試行錯誤しつつ自分の力で行う活動を見守りながら、適切に援助すること。
　エ　子どもの入所時の保育に当たっては、できるだけ個別的に対応し、子どもが安定感を得て、次第に保育所の生活になじんでいくようにするとともに、既に入所している子どもに不安や動揺を与えないようにすること。
　オ　子どもの国籍や文化の違いを認め、互いに尊重する心を育てるようにすること。
　カ　子どもの性差や個人差にも留意しつつ、性別などによる固定的な意識を植え付けることがないようにすること。
(2) 小学校との連携
　ア　保育所においては、保育所保育が、小学校以降の生活や学習の基盤の育成につながることに配慮し、幼児期にふさわしい生活を通じて、創造的な思考や主体的な生活態度などの基礎を培うようにすること。
　イ　保育所保育において育まれた資質・能力を踏まえ、小学校教育が円滑に行われるよう、小学校教師との意見交換や合同の研究の機会などを設け、第1章の4の(2)に示す「幼児期の終わりまでに育って欲しい姿」を共有するなど連携を図り、保育所保育と小学校教育との円滑な接続を図るよう努めること。
　ウ　子どもに関する情報共有に関して、保育所に入所している子どもの就学に際し、市町村の支援の下に、子どもの育ちを支えるための資料が保育所から小学校へ送付されるようにすること。
(3) 家庭及び地域社会との連携
　子どもの生活の連続性を踏まえ、家庭及び地域社会と連携して保育が展開されるよう配慮すること。その際、家庭や地域の機関及び団体の協力を得て、地域の自然、高齢者や異年齢の子ども等を含む人材、行事、施設等の地域の資源を積極的に活用し、豊かな生活体験をはじめ保育内容の充実が図られるよう配慮すること。

第3章 健康及び安全
　保育所保育において、子どもの健康及び安全の確保は、子どもの生命の保持と健やかな生活の基本であり、一人一人の子どもの健康の保持及び増進並びに安全の確保とともに、保育所全体における健康及び安全の確保に努めることが重要となる。また、子どもが、自らの体や健康に関心をもち、心身の機能を高めていくことが大切である。このため、第1章及び第2章等の関連する事項に留意し、次に示す事項を踏まえ、保育を行うこととする。

1 子どもの健康支援
(1) 子どもの健康状態並びに発育及び発達状態の把握
　ア　子どもの心身の状態に応じて保育するために、子どもの健康状態並びに発育及び発達状態について、定期的・継続的に、また、必要に応じて随時、把握すること。
　イ　保護者からの情報とともに、登所時及び保育中を通じて子どもの状態を観察し、何らかの疾病が疑われる状態や傷害が認められた場合には、保護者に連絡するとともに、嘱託医と相談するなど適切な対応を図ること。看護師等が配置されている場合には、その専門性を生かした対応を図ること。
　ウ　子どもの心身の状態等を観察し、不適切な養育の兆候が見られる場合には、市町村や関係機関と連携し、児童福祉法第25条に基づき、適切な対応を図ること。また、虐待が疑われる場合には、速やかに市町村又は児童相談所に通告し、適切な対応を図ること。
(2) 健康増進
　ア　子どもの健康に関する保健計画を全体的な計画に基づいて作成し、全職員がそのねらいや内容を踏まえ、一人一人の子どもの健康の保持及び増進に努めていくこと。
　イ　子どもの心身の健康状態や疾病等の把握のために、嘱託医等により定期的に健康診断を行い、その結果を記録し、保育に活用するとともに、保護者が子どもの状態を理解し、日常生活に活用できるようにすること。
(3) 疾病等への対応
　ア　保育中に体調不良や傷害が発生した場合には、その子どもの状態等に応じて、保護者に連絡するとともに、適宜、嘱託医や子どものかかりつけ医等と相談し、適切な処置を行うこと。看護師等が配置されている場合には、その専門性を生かした対応を図ること。
　イ　感染症やその他の疾病の発生予防に努め、その発

生や疑いがある場合には、必要に応じて嘱託医、市町村、保健所等に連絡し、その指示に従うとともに、保護者や全職員に連絡し、予防等について協力を求めること。また、感染症に関する保育所の対応方法等について、あらかじめ関係機関の協力を得ておくこと。看護師等が配置されている場合には、その専門性を生かした対応を図ること。
ウ　アレルギー疾患を有する子どもの保育については、保護者と連携し、医師の診断及び指示に基づき、適切な対応を行うこと。また、食物アレルギーに関して、関係機関と連携して、当該保育所の体制構築など、安全な環境の整備を行うこと。看護師や栄養士等が配置されている場合には、その専門性を生かした対応を図ること。
エ　子どもの疾病等の事態に備え、医務室等の環境を整え、救急用の薬品、材料等を適切な管理の下に常備し、全職員が対応できるようにしておくこと。

2　食育の推進
(1)　保育所の特性を生かした食育
ア　保育所における食育は、健康な生活の基本としての「食を営む力」の育成に向け、その基礎を培うことを目標とすること。
イ　子どもが生活と遊びの中で、意欲をもって食に関わる体験を積み重ね、食べることを楽しみ、食事を楽しみ合う子どもに成長していくことを期待するものであること。
ウ　乳幼児期にふさわしい食生活が展開され、適切な援助が行われるよう、食事の提供を含む食育計画を全体的な計画に基づいて作成し、その評価及び改善に努めること。栄養士が配置されている場合は、専門性を生かした対応を図ること。
(2)　食育の環境の整備等
ア　子どもが自らの感覚や体験を通して、自然の恵みとしての食材や食の循環・環境への意識、調理する人への感謝の気持ちが育つように、子どもと調理員等との関わりや、調理室など食に関わる保育環境に配慮すること。
イ　保護者や地域の多様な関係者との連携及び協働の下で、食に関する取組が進められること。また、市町村の支援の下に、地域の関係機関等との日常的な連携を図り、必要な協力が得られるよう努めること。
ウ　体調不良、食物アレルギー、障害のある子どもなど、一人一人の子どもの心身の状態等に応じ、嘱託医、かかりつけ医等の指示や協力の下に適切に対応すること。栄養士が配置されている場合は、専門性を生かした対応を図ること。

3　環境及び衛生管理並びに安全管理
(1)　環境及び衛生管理
ア　施設の温度、湿度、換気、採光、音などの環境を常に適切な状態に保持するとともに、施設内外の設備及び用具等の衛生管理に努めること。
イ　施設内外の適切な環境の維持に努めるとともに、子ども及び全職員が清潔を保つようにすること。また、職員は衛生知識の向上に努めること。
(2)　事故防止及び安全対策
ア　保育中の事故防止のために、子どもの心身の状態等を踏まえつつ、施設内外の安全点検に努め、安全対策のために全職員の共通理解や体制づくりを図るとともに、家庭や地域の関係機関の協力の下に安全指導を行うこと。
イ　事故防止の取組を行う際には、特に、睡眠中、プール活動・水遊び中、食事中等の場面では重大事故が発生しやすいことを踏まえ、子どもの主体的な活動を大切にしつつ、施設内外の環境の配慮や指導の工夫を行うなど、必要な対策を講じること。
ウ　保育中の事故の発生に備え、施設内外の危険箇所の点検や訓練を実施するとともに、外部からの不審者等の侵入防止のための措置や訓練など不測の事態に備えて必要な対応を行うこと。また、子どもの精神保健面における対応に留意すること。

4　災害への備え
(1)　施設・設備等の安全確保
ア　防火設備、避難経路等の安全性が確保されるよう、定期的にこれらの安全点検を行うこと。
イ　備品、遊具等の配置、保管を適切に行い、日頃から、安全環境の整備に努めること。
(2)　災害発生時の対応体制及び避難への備え
ア　火災や地震などの災害の発生に備え、緊急時の対応の具体的内容及び手順、職員の役割分担、避難訓練計画等に関するマニュアルを作成すること。
イ　定期的に避難訓練を実施するなど、必要な対応を図ること。
ウ　災害の発生時に、保護者等への連絡及び子どもの引渡しを円滑に行うため、日頃から保護者との密接な連携に努め、連絡体制や引渡し方法等について確認をしておくこと。
(3)　地域の関係機関等との連携
ア　市町村の支援の下に、地域の関係機関との日常的な連携を図り、必要な協力が得られるよう努めるこ

と。
イ 避難訓練については、地域の関係機関や保護者との連携の下に行うなど工夫すること。

第4章 子育て支援

保育所における保護者に対する子育て支援は、全ての子どもの健やかな育ちを実現することができるよう、第1章及び第2章等の関連する事項を踏まえ、子どもの育ちを家庭と連携して支援していくとともに、保護者及び地域が有する子育てを自ら実践する力の向上に資するよう、次の事項に留意するものとする。

1 保育所における子育て支援に関する基本的事項
(1) 保育所の特性を生かした子育て支援
ア 保護者に対する子育て支援を行う際には、各地域や家庭の実態等を踏まえるとともに、保護者の気持ちを受け止め、相互の信頼関係を基本に、保護者の自己決定を尊重すること。
イ 保育及び子育てに関する知識や技術など、保育士等の専門性や、子どもが常に存在する環境など、保育所の特性を生かし、保護者が子どもの成長に気付き子育ての喜びを感じられるように努めること。

(2) 子育て支援に関して留意すべき事項
ア 保護者に対する子育て支援における地域の関係機関等との連携及び協働を図り、保育所全体の体制構築に努めること。
イ 子どもの利益に反しない限りにおいて、保護者や子どものプライバシーを保護し、知り得た事柄の秘密を保持すること。

2 保育所を利用している保護者に対する子育て支援
(1) 保護者との相互理解
ア 日常の保育に関連した様々な機会を活用し子どもの日々の様子の伝達や収集、保育所保育の意図の説明などを通じて、保護者との相互理解を図るよう努めること。
イ 保育の活動に対する保護者の積極的な参加は、保護者の子育てを自ら実践する力の向上に寄与することから、これを促すこと。

(2) 保護者の状況に配慮した個別の支援
ア 保護者の就労と子育ての両立等を支援するため、保護者の多様化した保育の需要に応じ、病児保育事業など多様な事業を実施する場合には、保護者の状況に配慮するとともに、子どもの福祉が尊重されるよう努め、子どもの生活の連続性を考慮すること。
イ 子どもに障害や発達上の課題が見られる場合には、市町村や関係機関と連携及び協力を図りつつ、保護者に対する個別の支援を行うよう努めること。
ウ 外国籍家庭など、特別な配慮を必要とする家庭の場合には、状況等に応じて個別の支援を行うよう努めること。

(3) 不適切な養育等が疑われる家庭への支援
ア 保護者に育児不安等が見られる場合には、保護者の希望に応じて個別の支援を行うよう努めること。
イ 保護者に不適切な養育等が疑われる場合には、市町村や関係機関と連携し、要保護児童対策地域協議会で検討するなど適切な対応を図ること。また、虐待が疑われる場合には、速やかに市町村又は児童相談所に通告し、適切な対応を図ること。

3 地域の保護者等に対する子育て支援
(1) 地域に開かれた子育て支援
ア 保育所は、児童福祉法第48条の4の規定に基づき、その行う保育に支障がない限りにおいて、地域の実情や当該保育所の体制等を踏まえ、地域の保護者等に対して、保育所保育の専門性を生かした子育て支援を積極的に行うよう努めること。
イ 地域の子どもに対する一時預かり事業などの活動を行う際には、一人一人の子どもの心身の状態などを考慮するとともに、日常の保育との関連に配慮するなど、柔軟に活動を展開できるようにすること。

(2) 地域の関係機関等との連携
ア 市町村の支援を得て、地域の関係機関等との積極的な連携及び協働を図るとともに、子育て支援に関する地域の人材と積極的に連携を図るよう努めること。
イ 地域の要保護児童への対応など、地域の子どもを巡る諸課題に対し、要保護児童対策地域協議会など関係機関等と連携及び協力して取り組むよう努めること。

第5章 職員の資質向上

第1章から前章までに示された事項を踏まえ、保育所は、質の高い保育を展開するため、絶えず、一人一人の職員についての資質向上及び職員全体の専門性の向上を図るよう努めなければならない。

1 職員の資質向上に関する基本的事項
(1) 保育所職員に求められる専門性

子どもの最善の利益を考慮し、人権に配慮した保育を行うためには、職員一人一人の倫理観、人間性並びに保育所職員としての職務及び責任の理解と自覚が基盤とな

る。各職員は、自己評価に基づく課題等を踏まえ、保育所内外の研修等を通じて、保育士・看護師・調理員・栄養士等、それぞれの職務内容に応じた専門性を高めるため、必要な知識及び技術の修得、維持及び向上に努めなければならない。

(2) 保育の質の向上に向けた組織的な取組

保育所においては、保育の内容等に関する自己評価等を通じて把握した、保育の質の向上に向けた課題に組織的に対応するため、保育内容の改善や保育士等の役割分担の見直し等に取り組むとともに、それぞれの職位や職務内容等に応じて、各職員が必要な知識及び技能を身につけられるよう努めなければならない。

2 施設長の責務

(1) 施設長の責務と専門性の向上

施設長は、保育所の役割や社会的責任を遂行するために、法令等を遵守し、保育所を取り巻く社会情勢等を踏まえ、施設長としての専門性等の向上に努め、当該保育所における保育の質及び職員の専門性向上のために必要な環境の確保に努めなければならない。

(2) 職員の研修機会の確保等

施設長は、保育所の全体的な計画や、各職員の研修の必要性等を踏まえて、体系的・計画的な研修機会を確保するとともに、職員の勤務体制の工夫等により、職員が計画的に研修等に参加し、その専門性の向上が図られるよう努めなければならない。

3 職員の研修等

(1) 職場における研修

職員が日々の保育実践を通じて、必要な知識及び技術の修得、維持及び向上を図るとともに、保育の課題等への共通理解や協働性を高め、保育所全体としての保育の質の向上を図っていくためには、日常的に職員同士が主体的に学び合う姿勢と環境が重要であり、職場内での研修の充実が図られなければならない。

(2) 外部研修の活用

各保育所における保育の課題への的確な対応や、保育士等の専門性の向上を図るためには、職場内での研修に加え、関係機関等による研修の活用が有効であることから、必要に応じて、こうした外部研修への参加機会が確保されるよう努めなければならない。

4 研修の実施体制等

(1) 体系的な研修計画の作成

保育所においては、当該保育所における保育の課題や各職員のキャリアパス等も見据えて、初任者から管理職員までの職位や職務内容等を踏まえた体系的な研修計画を作成しなければならない。

(2) 組織内での研修成果の活用

外部研修に参加する職員は、自らの専門性の向上を図るとともに、保育所における保育の課題を理解し、その解決を実践できる力を身に付けることが重要である。また、研修で得た知識及び技能を他の職員と共有することにより、保育所全体としての保育実践の質及び専門性の向上につなげていくことが求められる。

(3) 研修の実施に関する留意事項

施設長等は保育所全体としての保育実践の質及び専門性の向上のために、研修の受講は特定の職員に偏ることなく行われるよう、配慮する必要がある。また、研修を修了した職員については、その職務内容等において、当該研修の成果等が適切に勘案されることが望ましい。

資料：幼稚園教育要領

第1章　総則
第1　幼稚園教育の基本

　幼児期の教育は，生涯にわたる人格形成の基礎を培う重要なものであり，幼稚園教育は，学校教育法に規定する目的及び目標を達成するため，幼児期の特性を踏まえ，環境を通して行うものであることを基本とする。
このため教師は，幼児との信頼関係を十分に築き，幼児が身近な環境に主体的に関わり，環境との関わり方や意味に気付き，これらを取り込もうとして，試行錯誤したり，考えたりするようになる幼児期の教育における見方・考え方を生かし，幼児と共によりよい教育環境を創造するように努めるものとする。これらを踏まえ，次に示す事項を重視して教育を行わなければならない。
1　幼児は安定した情緒の下で自己を十分に発揮することにより発達に必要な体験を得ていくものであることを考慮して，幼児の主体的な活動を促し，幼児期にふさわしい生活が展開されるようにすること。
2　幼児の自発的な活動としての遊びは，心身の調和のとれた発達の基礎を培う重要な学習であることを考慮して，遊びを通しての指導を中心として第2章に示すねらいが総合的に達成されるようにすること。
3　幼児の発達は，心身の諸側面が相互に関連し合い，多様な経過をたどって成し遂げられていくものであること，また，幼児の生活経験がそれぞれ異なることなどを考慮して，幼児一人一人の特性に応じ，発達の課題に即した指導を行うようにすること。
　　その際，教師は，幼児の主体的な活動が確保されるよう幼児一人一人の行動の理解と予想に基づき，計画的に環境を構成しなければならない。この場合において，教師は，幼児と人やものとの関わりが重要であることを踏まえ，教材を工夫し，物的・空間的環境を構成しなければならない。また，幼児一人一人の活動の場面に応じて，様々な役割を果たし，その活動を豊かにしなければならない。

第2　幼稚園教育において育みたい資質・能力及び「幼児期の終わりまでに育ってほしい姿」
1　幼稚園においては，生きる力の基礎を育むため，この章の第1に示す幼稚園教育の基本を踏まえ，次に掲げる資質・能力を一体的に育むよう努めるものとする。
　(1) 豊かな体験を通じて，感じたり，気付いたり，分かったり，できるようになったりする「知識及び技能の基礎」
　(2) 気付いたことや，できるようになったことなどを使い，考えたり，試したり，工夫したり，表現したりする「思考力，判断力，表現力等の基礎」
　(3) 心情，意欲，態度が育つ中で，よりよい生活を営もうとする「学びに向かう力，人間性等」
2　1に示す資質・能力は，第2章に示すねらい及び内容に基づく活動全体によって育むものである。
3　次に示す「幼児期の終わりまでに育ってほしい姿」は，第2章に示すねらい及び内容に基づく活動全体を通して資質・能力が育まれている幼児の幼稚園修了時の具体的な姿であり，教師が指導を行う際に考慮するものである。
　(1) 健康な心と体
　　　幼稚園生活の中で，充実感をもって自分のやりたいことに向かって心と体を十分に働かせ，見通しをもって行動し，自ら健康で安全な生活をつくり出すようになる。
　(2) 自立心
　　　身近な環境に主体的に関わり様々な活動を楽しむ中で，しなければならないことを自覚し，自分の力で行うために考えたり，工夫したりしながら，諦めずにやり遂げることで達成感を味わい，自信をもって行動するようになる。
　(3) 協同性
　　　友達と関わる中で，互いの思いや考えなどを共有し，共通の目的の実現に向けて，考えたり，工夫したり，協力したりし，充実感をもってやり遂げるようになる。
　(4) 道徳性・規範意識の芽生え
　　　友達と様々な体験を重ねる中で，してよいことや悪いことが分かり，自分の行動を振り返ったり，友達の気持ちに共感したりし，相手の立場に立って行動するようになる。また，きまりを守る必要性が分かり，自分の気持ちを調整し，友達と折り合いを付けながら，きまりをつくったり，守ったりするようになる。
　(5) 社会生活との関わり
　　　家族を大切にしようとする気持ちをもつとともに，地域の身近な人と触れ合う中で，人との様々な関わり方に気付き，相手の気持ちを考えて関わり，自分が役に立つ喜びを感じ，地域に親しみをもつようになる。また，幼稚園内外の様々な環境に関わる中で，遊びや生活に必要な情報を取り入れ，情報に基づき判断したり，情報を伝え合ったり，活用したりするなど，情報を役立てながら活動するようにな

るとともに，公共の施設を大切に利用するなどして，社会とのつながりなどを意識するようになる。
(6) 思考力の芽生え
　身近な事象に積極的に関わる中で，物の性質や仕組みなどを感じ取ったり，気付いたりし，考えたり，予想したり，工夫したりするなど，多様な関わりを楽しむようになる。また，友達の様々な考えに触れる中で，自分と異なる考えがあることに気付き，自ら判断したり，考え直したりするなど，新しい考えを生み出す喜びを味わいながら，自分の考えをよりよいものにするようになる。
(7) 自然との関わり・生命尊重
　自然に触れて感動する体験を通して，自然の変化などを感じ取り，好奇心や探究心をもって考え言葉などで表現しながら，身近な事象への関心が高まるとともに，自然への愛情や畏敬の念をもつようになる。また，身近な動植物に心を動かされる中で，生命の不思議さや尊さに気付き，身近な動植物への接し方を考え，命あるものとしていたわり，大切にする気持ちをもって関わるようになる。
(8) 数量や図形，標識や文字などへの関心・感覚
　遊びや生活の中で，数量や図形，標識や文字などに親しむ体験を重ねたり，標識や文字の役割に気付いたりし，自らの必要感に基づきこれらを活用し，興味や関心，感覚をもつようになる。
(9) 言葉による伝え合い
　先生や友達と心を通わせる中で，絵本や物語などに親しみながら，豊かな言葉や表現を身に付け，経験したことや考えたことなどを言葉で伝えたり，相手の話を注意して聞いたりし，言葉による伝え合いを楽しむようになる。
(10) 豊かな感性と表現
　心を動かす出来事などに触れ感性を働かせる中で，様々な素材の特徴や表現の仕方などに気付き，感じたことや考えたことを自分で表現したり，友達同士で表現する過程を楽しんだりし，表現する喜びを味わい，意欲をもつようになる。

第3　教育課程の役割と編成等
1　教育課程の役割
　各幼稚園においては，教育基本法及び学校教育法その他の法令並びにこの幼稚園教育要領の示すところに従い，創意工夫を生かし，幼児の心身の発達と幼稚園及び地域の実態に即応した適切な教育課程を編成するものとする。
　また，各幼稚園においては，6に示す全体的な計画にも留意しながら，「幼児期の終わりまでに育ってほしい姿」を踏まえ教育課程を編成すること，教育課程の実施状況を評価してその改善を図っていくこと，教育課程の実施に必要な人的又は物的な体制を確保するとともにその改善を図っていくことなどを通して，教育課程に基づき組織的かつ計画的に各幼稚園の教育活動の質の向上を図っていくこと（以下「カリキュラム・マネジメント」という。）に努めるものとする。

2　各幼稚園の教育目標と教育課程の編成
　教育課程の編成に当たっては，幼稚園教育において育みたい資質・能力を踏まえつつ，各幼稚園の教育目標を明確にするとともに，教育課程の編成についての基本的な方針が家庭や地域とも共有されるよう努めるものとする。

3　教育課程の編成上の基本的事項
(1)　幼稚園生活の全体を通して第2章に示すねらいが総合的に達成されるよう，教育課程に係る教育期間や幼児の生活経験や発達の過程などを考慮して具体的なねらいと内容を組織するものとする。この場合においては，特に，自我が芽生え，他者の存在を意識し，自己を抑制しようとする気持ちが生まれる幼児期の発達の特性を踏まえ，入園から修了に至るまでの長期的な視野をもって充実した生活が展開できるように配慮するものとする。
(2)　幼稚園の毎学年の教育課程に係る教育週数は，特別の事情のある場合を除き，39週を下ってはならない。
(3)　幼稚園の1日の教育課程に係る教育時間は，4時間を標準とする。ただし，幼児の心身の発達の程度や季節などに適切に配慮するものとする。

4　教育課程の編成上の留意事項
　教育課程の編成に当たっては，次の事項に留意するものとする。
(1)　幼児の生活は，入園当初の一人一人の遊びや教師との触れ合いを通して幼稚園生活に親しみ，安定していく時期から，他の幼児との関わりの中で幼児の主体的な活動が深まり，幼児が互いに必要な存在であることを認識するようになり，やがて幼児同士や学級全体で目的をもって協同して幼稚園生活を展開し，深めていく時期などに至るまでの過程を様々に経ながら広げられていくものであることを考慮し，活動がそれぞれの時期にふさわしく展開されるようにすること。
(2)　入園当初，特に，3歳児の入園については，家庭との連携を緊密にし，生活のリズムや安全面に十分配慮すること。また，満3歳児については，学年の

途中から入園することを考慮し，幼児が安心して幼稚園生活を過ごすことができるよう配慮すること。
　(3)　幼稚園生活が幼児にとって安全なものとなるよう，教職員による協力体制の下，幼児の主体的な活動を大切にしつつ，園庭や園舎などの環境の配慮や指導の工夫を行うこと。
5　小学校教育との接続に当たっての留意事項
　(1)　幼稚園においては，幼稚園教育が，小学校以降の生活や学習の基盤の育成につながることに配慮し，幼児期にふさわしい生活を通して，創造的な思考や主体的な生活態度などの基礎を培うようにするものとする。
　(2)　幼稚園教育において育まれた資質・能力を踏まえ，小学校教育が円滑に行われるよう，小学校の教師との意見交換や合同の研究の機会などを設け，「幼児期の終わりまでに育ってほしい姿」を共有するなど連携を図り，幼稚園教育と小学校教育との円滑な接続を図るよう努めるものとする。
6　全体的な計画の作成
　各幼稚園においては，教育課程を中心に，第3章に示す教育課程に係る教育時間の終了後等に行う教育活動の計画，学校保健計画，学校安全計画などとを関連させ，一体的に教育活動が展開されるよう全体的な計画を作成するものとする。

第4　指導計画の作成と幼児理解に基づいた評価
1　指導計画の考え方
　幼稚園教育は，幼児が自ら意欲をもって環境と関わることによりつくり出される具体的な活動を通して，その目標の達成を図るものである。
　幼稚園においてはこのことを踏まえ，幼児期にふさわしい生活が展開され，適切な指導が行われるよう，それぞれの幼稚園の教育課程に基づき，調和のとれた組織的，発展的な指導計画を作成し，幼児の活動に沿った柔軟な指導を行わなければならない。
2　指導計画の作成上の基本的事項
　(1)　指導計画は，幼児の発達に即して一人一人の幼児が幼児期にふさわしい生活を展開し，必要な体験を得られるようにするために，具体的に作成するものとする。
　(2)　指導計画の作成に当たっては，次に示すところにより，具体的なねらい及び内容を明確に設定し，適切な環境を構成することなどにより活動が選択・展開されるようにするものとする。
　　ア　具体的なねらい及び内容は，幼稚園生活における幼児の発達の過程を見通し，幼児の生活の連続性，季節の変化などを考慮して，幼児の興味や関心，発達の実情などに応じて設定すること。
　　イ　環境は，具体的なねらいを達成するために適切なものとなるように構成し，幼児が自らその環境に関わることにより様々な活動を展開しつつ必要な体験を得られるようにすること。その際，幼児の生活する姿や発想を大切にし，常にその環境が適切なものとなるようにすること。
　　ウ　幼児の行う具体的な活動は，生活の流れの中で様々に変化するものであることに留意し，幼児が望ましい方向に向かって自ら活動を展開していくことができるよう必要な援助をすること。
　　　その際，幼児の実態及び幼児を取り巻く状況の変化などに即して指導の過程についての評価を適切に行い，常に指導計画の改善を図るものとする。
3　指導計画の作成上の留意事項
　指導計画の作成に当たっては，次の事項に留意するものとする。
　(1)　長期的に発達を見通した年，学期，月などにわたる長期の指導計画やこれとの関連を保ちながらより具体的な幼児の生活に即した週，日などの短期の指導計画を作成し，適切な指導が行われるようにすること。特に，週，日などの短期の指導計画については，幼児の生活のリズムに配慮し，幼児の意識や興味の連続性のある活動が相互に関連して幼稚園生活の自然な流れの中に組み込まれるようにすること。
　(2)　幼児が様々な人やものとの関わりを通して，多様な体験をし，心身の調和のとれた発達を促すようにしていくこと。その際，幼児の発達に即して主体的・対話的で深い学びが実現するようにするとともに，心を動かされる体験が次の活動を生み出すことを考慮し，一つ一つの体験が相互に結び付き，幼稚園生活が充実するようにすること。
　(3)　言語に関する能力の発達と思考力等の発達が関連していることを踏まえ，幼稚園生活全体を通して，幼児の発達を踏まえた言語環境を整え，言語活動の充実を図ること。
　(4)　幼児が次の活動への期待や意欲をもつことができるよう，幼児の実態を踏まえながら，教師や他の幼児と共に遊びや生活の中で見通しをもったり，振り返ったりするよう工夫すること。
　(5)　行事の指導に当たっては，幼稚園生活の自然の流れの中で生活に変化や潤いを与え，幼児が主体的に楽しく活動できるようにすること。なお，それぞれの行事についてはその教育的価値を十分検討し，適切なものを精選し，幼児の負担にならないようにす

ること。
(6) 幼児期は直接的な体験が重要であることを踏まえ，視聴覚教材やコンピュータなど情報機器を活用する際には，幼稚園生活では得難い体験を補完するなど，幼児の体験との関連を考慮すること。
(7) 幼児の主体的な活動を促すためには，教師が多様な関わりをもつことが重要であることを踏まえ，教師は，理解者，共同作業者など様々な役割を果たし，幼児の発達に必要な豊かな体験が得られるよう，活動の場面に応じて，適切な指導を行うようにすること。
(8) 幼児の行う活動は，個人，グループ，学級全体などで多様に展開されるものであることを踏まえ，幼稚園全体の教師による協力体制を作りながら，一人一人の幼児が興味や欲求を十分に満足させるよう適切な援助を行うようにすること。

4 幼児理解に基づいた評価の実施

幼児一人一人の発達の理解に基づいた評価の実施に当たっては，次の事項に配慮するものとする。
(1) 指導の過程を振り返りながら幼児の理解を進め，幼児一人一人のよさや可能性などを把握し，指導の改善に生かすようにすること。その際，他の幼児との比較や一定の基準に対する達成度についての評定によって捉えるものではないことに留意すること。
(2) 評価の妥当性や信頼性が高められるよう創意工夫を行い，組織的かつ計画的な取組を推進するとともに，次年度又は小学校等にその内容が適切に引き継がれるようにすること。

第5 特別な配慮を必要とする幼児への指導
1 障害のある幼児などへの指導

障害のある幼児などへの指導に当たっては，集団の中で生活することを通して全体的な発達を促していくことに配慮し，特別支援学校などの助言又は援助を活用しつつ，個々の幼児の障害の状態などに応じた指導内容や指導方法の工夫を組織的かつ計画的に行うものとする。また，家庭，地域及び医療や福祉，保健等の業務を行う関係機関との連携を図り，長期的な視点で幼児への教育的支援を行うために，個別の教育支援計画を作成し活用することに努めるとともに，個々の幼児の実態を的確に把握し，個別の指導計画を作成し活用することに努めるものとする。

2 海外から帰国した幼児や生活に必要な日本語の習得に困難のある幼児の幼稚園生活への適応

海外から帰国した幼児や生活に必要な日本語の習得に困難のある幼児については，安心して自己を発揮できるよう配慮するなど個々の幼児の実態に応じ，指導内容や指導方法の工夫を組織的かつ計画的に行うものとする。

第6 幼稚園運営上の留意事項

1 各幼稚園においては，園長の方針の下に，園務分掌に基づき教職員が適切に役割を分担しつつ，相互に連携しながら，教育課程や指導の改善を図るものとする。また，各幼稚園が行う学校評価については，教育課程の編成，実施，改善が教育活動や幼稚園運営の中核となることを踏まえ，カリキュラム・マネジメントと関連付けながら実施するよう留意するものとする。

2 幼児の生活は，家庭を基盤として地域社会を通じて次第に広がりをもつものであることに留意し，家庭との連携を十分に図るなど，幼稚園における生活が家庭や地域社会と連続性を保ちつつ展開されるようにするものとする。
　その際，地域の自然，高齢者や異年齢の子供などを含む人材，行事や公共施設などの地域の資源を積極的に活用し，幼児が豊かな生活体験を得られるように工夫するものとする。また，家庭との連携に当たっては，保護者との情報交換の機会を設けたり，保護者と幼児との活動の機会を設けたりなどすることを通じて，保護者の幼児期の教育に関する理解が深まるよう配慮するものとする。

3 地域や幼稚園の実態等により，幼稚園間に加え，保育所，幼保連携型認定こども園，小学校，中学校，高等学校及び特別支援学校などとの間の連携や交流を図るものとする。特に，幼稚園教育と小学校教育の円滑な接続のため，幼稚園の幼児と小学校の児童との交流の機会を積極的に設けるようにするものとする。また，障害のある幼児児童生徒との交流及び共同学習の機会を設け，共に尊重し合いながら協働して生活していく態度を育むよう努めるものとする。

第7 教育課程に係る教育時間終了後等に行う教育活動など

幼稚園は，第3章に示す教育課程に係る教育時間の終了後等に行う教育活動について，学校教育法に規定する目的及び目標並びにこの章の第1に示す幼稚園教育の基本を踏まえ実施するものとする。また，幼稚園の目的の達成に資するため，幼児の生活全体が豊かなものとなるよう家庭や地域における幼児期の教育の支援に努めるものとする。

第2章 ねらい及び内容

この章に示すねらいは，幼稚園教育において育みたい

資質・能力を幼児の生活する姿から捉えたものであり，内容は，ねらいを達成するために指導する事項である。各領域は，これらを幼児の発達の側面から，心身の健康に関する領域「健康」，人との関わりに関する領域「人間関係」，身近な環境との関わりに関する領域「環境」，言葉の獲得に関する領域「言葉」及び感性と表現に関する領域「表現」としてまとめ，示したものである。内容の取扱いは，幼児の発達を踏まえた指導を行うに当たって留意すべき事項である。

各領域に示すねらいは，幼稚園における生活の全体を通じ，幼児が様々な体験を積み重ねる中で相互に関連をもちながら次第に達成に向かうものであること，内容は，幼児が環境に関わって展開する具体的な活動を通して総合的に指導されるものであることに留意しなければならない。

また，「幼児期の終わりまでに育ってほしい姿」が，ねらい及び内容に基づく活動全体を通して資質・能力が育まれている幼児の幼稚園修了時の具体的な姿であることを踏まえ，指導を行う際に考慮するものとする。

なお，特に必要な場合には，各領域に示すねらいの趣旨に基づいて適切な，具体的な内容を工夫し，それを加えても差し支えないが，その場合には，それが第1章の第1に示す幼稚園教育の基本を逸脱しないよう慎重に配慮する必要がある。

健康
〔健康な心と体を育て，自ら健康で安全な生活をつくり出す力を養う。〕
1 ねらい
(1) 明るく伸び伸びと行動し，充実感を味わう。
(2) 自分の体を十分に動かし，進んで運動しようとする。
(3) 健康，安全な生活に必要な習慣や態度を身に付け，見通しをもって行動する。
2　内容
(1) 先生や友達と触れ合い，安定感をもって行動する。
(2) いろいろな遊びの中で十分に体を動かす。
(3) 進んで戸外で遊ぶ。
(4) 様々な活動に親しみ，楽しんで取り組む。
(5) 先生や友達と食べることを楽しみ，食べ物への興味や関心をもつ。
(6) 健康な生活のリズムを身に付ける。
(7) 身の回りを清潔にし，衣服の着脱，食事，排泄などの生活に必要な活動をせつ自分でする。
(8) 幼稚園における生活の仕方を知り，自分たちで生活の場を整えながら見通しをもって行動する。
(9) 自分の健康に関心をもち，病気の予防などに必要な活動を進んで行う。
(10) 危険な場所，危険な遊び方，災害時などの行動の仕方が分かり，安全に気を付けて行動する。

3 内容の取扱い
上記の取扱いに当たっては，次の事項に留意する必要がある。
(1) 心と体の健康は，相互に密接な関連があるものであることを踏まえ，幼児が教師や他の幼児との温かい触れ合いの中で自己の存在感や充実感を味わうことなどを基盤として，しなやかな心と体の発達を促すこと。特に，十分に体を動かす気持ちよさを体験し，自ら体を動かそうとする意欲が育つようにすること。
(2) 様々な遊びの中で，幼児が興味や関心，能力に応じて全身を使って活動することにより，体を動かす楽しさを味わい，自分の体を大切にしようとする気持ちが育つようにすること。その際，多様な動きを経験する中で，体の動きを調整するようにすること。
(3) 自然の中で伸び伸びと体を動かして遊ぶことにより，体の諸機能の発達が促されることに留意し，幼児の興味や関心が戸外にも向くようにすること。その際，幼児の動線に配慮した園庭や遊具の配置などを工夫すること。
(4) 健康な心と体を育てるためには食育を通じた望ましい食習慣の形成が大切であることを踏まえ，幼児の食生活の実情に配慮し，和やかな雰囲気の中で教師や他の幼児と食べる喜びや楽しさを味わったり，様々な食べ物への興味や関心をもったりするなどし，食の大切さに気付き，進んで食べようとする気持ちが育つようにすること。
(5) 基本的な生活習慣の形成に当たっては，家庭での生活経験に配慮し，幼児の自立心を育て，幼児が他の幼児と関わりながら主体的な活動を展開する中で，生活に必要な習慣を身に付け，次第に見通しをもって行動できるようにすること。
(6) 安全に関する指導に当たっては，情緒の安定を図り，遊びを通して安全についての構えを身に付け，危険な場所や事物などが分かり，安全についての理解を深めるようにすること。また，交通安全の習慣を身に付けるようにするとともに，避難訓練などを通して，災害などの緊急時に適切な行動がとれるようにすること。

人間関係
〔他の人々と親しみ，支え合って生活するために，自立心を育て，人と関わる力を養う。〕
1　ねらい

(1) 幼稚園生活を楽しみ，自分の力で行動することの充実感を味わう。
(2) 身近な人と親しみ，関わりを深め，工夫したり，協力したりして一緒に活動する楽しさを味わい，愛情や信頼感をもつ。
(3) 社会生活における望ましい習慣や態度を身に付ける。

2 内容
(1) 先生や友達と共に過ごすことの喜びを味わう。
(2) 自分で考え，自分で行動する。
(3) 自分でできることは自分でする。
(4) いろいろな遊びを楽しみながら物事をやり遂げようとする気持ちをもつ。
(5) 友達と積極的に関わりながら喜びや悲しみを共感し合う。
(6) 自分の思ったことを相手に伝え，相手の思っていることに気付く。
(7) 友達のよさに気付き，一緒に活動する楽しさを味わう。
(8) 友達と楽しく活動する中で，共通の目的を見いだし，工夫したり，協力したりなどする。
(9) よいことや悪いことがあることに気付き，考えながら行動する。
(10) 友達との関わりを深め，思いやりをもつ。
(11) 友達と楽しく生活する中できまりの大切さに気付き，守ろうとする。
(12) 共同の遊具や用具を大切にし，皆で使う。
(13) 高齢者をはじめ地域の人々などの自分の生活に関係の深いいろいろな人に親しみをもつ。

3 内容の取扱い
上記の取扱いに当たっては，次の事項に留意する必要がある。
(1) 教師との信頼関係に支えられて自分自身の生活を確立していくことが人と関わる基盤となることを考慮し，幼児が自ら周囲に働き掛けることにより多様な感情を体験し，試行錯誤しながら諦めずにやり遂げることの達成感や，前向きな見通しをもって自分の力で行うことの充実感を味わうことができるよう，幼児の行動を見守りながら適切な援助を行うようにすること。
(2) 一人一人を生かした集団を形成しながら人と関わる力を育てていくようにすること。その際，集団の生活の中で，幼児が自己を発揮し，教師や他の幼児に認められる体験をし，自分のよさや特徴に気付き，自信をもって行動できるようにすること。
(3) 幼児が互いに関わりを深め，協同して遊ぶようになるため，自ら行動する力を育てるようにするとともに，他の幼児と試行錯誤しながら活動を展開する楽しさや共通の目的が実現する喜びを味わうことができるようにすること。
(4) 道徳性の芽生えを培うに当たっては，基本的な生活習慣の形成を図るとともに，幼児が他の幼児との関わりの中で他人の存在に気付き，相手を尊重する気持ちをもって行動できるようにし，また，自然や身近な動植物に親しむことなどを通して豊かな心情が育つようにすること。特に，人に対する信頼感や思いやりの気持ちは，葛藤やつまずきをも体験し，それらを乗り越えることにより次第に芽生えてくることに配慮すること。
(5) 集団の生活を通して，幼児が人との関わりを深め，規範意識の芽生えが培われることを考慮し，幼児が教師との信頼関係に支えられて自己を発揮する中で，互いに思いを主張し，折り合いを付ける体験をし，きまりの必要性などに気付き，自分の気持ちを調整する力が育つようにすること。
(6) 高齢者をはじめ地域の人々などの自分の生活に関係の深いいろいろな人と触れ合い，自分の感情や意志を表現しながら共に楽しみ，共感し合う体験を通して，これらの人々などに親しみをもち，人と関わることの楽しさや人の役に立つ喜びを味わうことができるようにすること。また，生活を通して親や祖父母などの家族の愛情に気付き，家族を大切にしようとする気持ちが育つようにすること。

環境
〔周囲の様々な環境に好奇心や探究心をもって関わり，それらを生活に取り入れていこうとする力を養う。〕

1 ねらい
(1) 身近な環境に親しみ，自然と触れ合う中で様々な事象に興味や関心をもつ。
(2) 身近な環境に自分から関わり，発見を楽しんだり，考えたりし，それを生活に取り入れようとする。
(3) 身近な事象を見たり，考えたり，扱ったりする中で，物の性質や数量，文字などに対する感覚を豊かにする。

2 内容
(1) 自然に触れて生活し，その大きさ，美しさ，不思議さなどに気付く。
(2) 生活の中で，様々な物に触れ，その性質や仕組みに興味や関心をもつ。
(3) 季節により自然や人間の生活に変化のあることに気付く。
(4) 自然などの身近な事象に関心をもち，取り入れて

遊ぶ。
(5) 身近な動植物に親しみをもって接し、生命の尊さに気付き、いたわったり、大切にしたりする。
(6) 日常生活の中で、我が国や地域社会における様々な文化や伝統に親しむ。
(7) 身近な物を大切にする。
(8) 身近な物や遊具に興味をもって関わり、自分なりに比べたり、関連付けたりしながら考えたり、試したりして工夫して遊ぶ。
(9) 日常生活の中で数量や図形などに関心をもつ。
(10) 日常生活の中で簡単な標識や文字などに関心をもつ。
(11) 生活に関係の深い情報や施設などに興味や関心をもつ。
(12) 幼稚園内外の行事において国旗に親しむ。

3 内容の取扱い

上記の取扱いに当たっては、次の事項に留意する必要がある。

(1) 幼児が、遊びの中で周囲の環境と関わり、次第に周囲の世界に好奇心を抱き、その意味や操作の仕方に関心をもち、物事の法則性に気付き、自分なりに考えることができるようになる過程を大切にすること。また、他の幼児の考えなどに触れて新しい考えを生み出す喜びや楽しさを味わい、自分の考えをよりよいものにしようとする気持ちが育つようにすること。
(2) 幼児期において自然のもつ意味は大きく、自然の大きさ、美しさ、不思議さなどに直接触れる体験を通して、幼児の心が安らぎ、豊かな感情、好奇心、思考力、表現力の基礎が培われることを踏まえ、幼児が自然との関わりを深めることができるよう工夫すること。
(3) 身近な事象や動植物に対する感動を伝え合い、共感し合うことなどを通して自分から関わろうとする意欲を育てるとともに、様々な関わり方を通してそれらに対する親しみや畏敬の念、生命を大切にする気持ち、公共心、探究心などが養われるようにすること。
(4) 文化や伝統に親しむ際には、正月や節句など我が国の伝統的な行事、国歌、唱歌、わらべうたや我が国の伝統的な遊びに親しんだり、異なる文化に触れる活動に親しんだりすることを通じて、社会とのつながりの意識や国際理解の意識の芽生えなどが養われるようにすること。
(5) 数量や文字などに関しては、日常生活の中で幼児自身の必要感に基づく体験を大切にし、数量や文字などに関する興味や関心、感覚が養われるようにすること。

言葉

〔経験したことや考えたことなどを自分なりの言葉で表現し、相手の話す言葉を聞こうとする意欲や態度を育て、言葉に対する感覚や言葉で表現する力を養う。〕

1 ねらい

(1) 自分の気持ちを言葉で表現する楽しさを味わう。
(2) 人の言葉や話などをよく聞き、自分の経験したことや考えたことを話し、伝え合う喜びを味わう。
(3) 日常生活に必要な言葉が分かるようになるとともに、絵本や物語などに親しみ、言葉に対する感覚を豊かにし、先生や友達と心を通わせる。

2 内容

(1) 先生や友達の言葉や話に興味や関心をもち、親しみをもって聞いたり、話したりする。
(2) したり、見たり、聞いたり、感じたり、考えたりなどしたことを自分なりに言葉で表現する。
(3) したいこと、してほしいことを言葉で表現したり、分からないことを尋ねたりする。
(4) 人の話を注意して聞き、相手に分かるように話す。
(5) 生活の中で必要な言葉が分かり、使う。
(6) 親しみをもって日常の挨拶をする。
(7) 生活の中で言葉の楽しさや美しさに気付く。
(8) いろいろな体験を通じてイメージや言葉を豊かにする。
(9) 絵本や物語などに親しみ、興味をもって聞き、想像をする楽しさを味わう。
(10) 日常生活の中で、文字などで伝える楽しさを味わう。

3 内容の取扱い

上記の取扱いに当たっては、次の事項に留意する必要がある。

(1) 言葉は、身近な人に親しみをもって接し、自分の感情や意志などを伝え、それに相手が応答し、その言葉を聞くことを通して次第に獲得されていくものであることを考慮して、幼児が教師や他の幼児と関わることにより心を動かされるような体験をし、言葉を交わす喜びを味わえるようにすること。
(2) 幼児が自分の思いを言葉で伝えるとともに、教師や他の幼児などの話を興味をもって注意して聞くことを通して次第に話を理解するようになっていき、言葉による伝え合いができるようにすること。
(3) 絵本や物語などで、その内容と自分の経験とを結び付けたり、想像を巡らせたりするなど、楽しみを十分に味わうことによって、次第に豊かなイメージ

をもち，言葉に対する感覚が養われるようにすること。
(4) 幼児が生活の中で，言葉の響きやリズム，新しい言葉や表現などに触れ，これらを使う楽しさを味わえるようにすること。その際，絵本や物語に親しんだり，言葉遊びなどをしたりすることを通して，言葉が豊かになるようにすること。
(5) 幼児が日常生活の中で，文字などを使いながら思ったことや考えたことを伝える喜びや楽しさを味わい，文字に対する興味や関心をもつようにすること。

表現
〔感じたことや考えたことを自分なりに表現することを通して，豊かな感性や表現する力を養い，創造性を豊かにする。〕
1 ねらい
(1) いろいろなものの美しさなどに対する豊かな感性をもつ。
(2) 感じたことや考えたことを自分なりに表現して楽しむ。
(3) 生活の中でイメージを豊かにし，様々な表現を楽しむ。
2 内容
(1) 生活の中で様々な音，形，色，手触り，動きなどに気付いたり，感じたりするなどして楽しむ。
(2) 生活の中で美しいものや心を動かす出来事に触れ，イメージを豊かにする。
(3) 様々な出来事の中で，感動したことを伝え合う楽しさを味わう。
(4) 感じたこと，考えたことなどを音や動きなどで表現したり，自由にかいたり，つくったりなどする。
(5) いろいろな素材に親しみ，工夫して遊ぶ。
(6) 音楽に親しみ，歌を歌ったり，簡単なリズム楽器を使ったりなどする楽しさを味わう。
(7) かいたり，つくったりすることを楽しみ，遊びに使ったり，飾ったりなどする。
(8) 自分のイメージを動きや言葉などで表現したり，演じて遊んだりするなどの楽しさを味わう。
3 内容の取扱い
上記の取扱いに当たっては，次の事項に留意する必要がある。
(1) 豊かな感性は，身近な環境と十分に関わる中で美しいもの，優れたもの，心を動かす出来事などに出会い，そこから得た感動を他の幼児や教師と共有し，様々に表現することなどを通して養われるようにすること。その際，風の音や雨の音，身近にある草や花の形や色など自然の中にある音，形，色などに気付くようにすること。
(2) 幼児の自己表現は素朴な形で行われることが多いので，教師はそのような表現を受容し，幼児自身の表現しようとする意欲を受け止めて，幼児が生活の中で幼児らしい様々な表現を楽しむことができるようにすること。
(3) 生活経験や発達に応じ，自ら様々な表現を楽しみ，表現する意欲を十分に発揮させることができるように，遊具や用具などを整えたり，様々な素材や表現の仕方に親しんだり，他の幼児の表現に触れられるよう配慮したりし，表現する過程を大切にして自己表現を楽しめるように工夫すること。

第3章 教育課程に係る教育時間の終了後等に行う教育活動などの留意事項

1 地域の実態や保護者の要請により，教育課程に係る教育時間の終了後等に希望する者を対象に行う教育活動については，幼児の心身の負担に配慮するものとする。また，次の点にも留意するものとする。
(1) 教育課程に基づく活動を考慮し，幼児期にふさわしい無理のないものとなるようにすること。その際，教育課程に基づく活動を担当する教師と緊密な連携を図るようにすること。
(2) 家庭や地域での幼児の生活も考慮し，教育課程に係る教育時間の終了後等に行う教育活動の計画を作成するようにすること。その際，地域の人々と連携するなど，地域の様々な資源を活用しつつ，多様な体験ができるようにすること。
(3) 家庭との緊密な連携を図るようにすること。その際，情報交換の機会を設けたりするなど，保護者が，幼稚園と共に幼児を育てるという意識が高まるようにすること。
(4) 地域の実態や保護者の事情とともに幼児の生活のリズムを踏まえつつ，例えば実施日数や時間などについて，弾力的な運用に配慮すること。
(5) 適切な責任体制と指導体制を整備した上で行うようにすること。
2 幼稚園の運営に当たっては，子育ての支援のために保護者や地域の人々に機能や施設を開放して，園内体制の整備や関係機関との連携及び協力に配慮しつつ，幼児期の教育に関する相談に応じたり，情報を提供したり，幼児と保護者との登園を受け入れたり，保護者同士の交流の機会を提供したりするなど，幼稚園と家庭が一体となって幼児と関わる取組を進め，地域における幼児期の教育のセンターとしての役割を果たすよう努めるものと

する。その際，心理や保健の専門家，地域の子育て経験者等と連携・協働しながら取り組むよう配慮するものとする。

著者紹介

編 者

山本　一成　滋賀大学

1983年、埼玉県生まれ。京都造形芸術大学こども芸術大学にて保育者として勤務したのち、京都大学大学院教育学研究科博士後期課程修了。現在、滋賀大学講師。専門は臨床教育学・保育学で、保育環境論、子どもの想像力、幼児期の持続発展教育などについて研究を行っている。

執筆者（担当章順）

中井清津子　相愛大学

木下　寛子　近畿大学九州短期大学

松井　愛奈　甲南女子大学

坂倉　真衣　宮崎国際大学

山下　智也　北九州市立大学

笠原　広一　東京学芸大学

中村　章啓　野中こども園

落合　陽子　かほる保育園

塩見　弘子　滋賀大学教育学部附属幼稚園

領域「環境」の理論と実践
2019年3月31日初版発行
発　行　所：七猫社
　　　　　　大阪府枚方市池之宮 2-5-1-1105
販　売　所：ヴィッセン出版